心が強く稼げる子になる方法

アカデミアキッズ百瀬幼児教室
百瀬由也　百瀬育美

文芸社

♡はじめに

私たちが子どもの教育に関する仕事に携わるようになってから、もう45年の歳月が流れました。

私の英語塾から始まり、結婚後に算数や英語といった学校の教科書に基づいた学習塾へと移行しました。預かった子どもたちの成績を上げるために、夫婦で夜遅くまで懸命に教える日々。私が無類の子ども好きであったことに加え、夫の責任感の強さも功を奏し、おかげさまで評判も上がり、この地方ではかなり知られる塾となりました。ところが年月が過ぎていくうちに、塾内にも変化が見られるようになりました。いろいろな環境で育った生徒が入塾し、これまでとは授業を受ける態度が異なる生徒も現れだしたのです。鉛筆を持ったものの気力もなくただ椅子に座っているだけの子、おしゃべりが大好きで隣の子との話に気を取られている子、昨日教えたばかりなのに次の日にはすっかり忘れている子、などなど……。

私は3人の子どもを育てながら夫と共に塾の運営に携わっていましたが、生徒達と向き合う度に「我が子がこのようになったらどうしよう……」という思いが心に募りました。

そしてこの不安は的中してしまいました。ある日、小学三年生くらいのときに長女が急に反抗心をむき出しにした態度になり、勉強への意欲もまったく見られない状況に陥ったのです。

この事態に直面したとき、私は「自分の子ひとり育てられなくて、何がよその子だ！」と、頭を殴られる思いがしました。詰め込み式でペーパー上の点数を稼ぎ、学校での成績が上がることだけが、果たして本当に彼女にとって良いことなのか……。この出来事が、子育てを含め自分のこれまでの生き様を見直す機会となりました。

親が求める子どもの将来像は、どんな荒波がこようとも、社会の中で一人でも生き抜いていく力を持っていること。また、友をたくさん持ち、仲間や上司から良き影響をもらい、人生を明るく笑顔で、楽しく世の中を渡ってほしい。これこそが子を持った親の本当の望みであり、またこうした大人に育てていくことこそが、本来の教育の原点であると私は思いました。

その当時、自分の子どもの行く末も含め、本来あるべき子どもたちの教育とは何かを、夫婦で夜中まで話し合いました。また、さまざまな本を読み、数々の講演会にも足を運び、情報を集めました。

そのなかでいちばん納得がいったのが、「子どもは遺伝で将来が決まるのではない。環境を整えてやることで子どもは成長し、将来が決まる」という考え方でした。それは遺伝説を信じていた私にとっては、とても衝撃的なものでした。そして幼児期から、あたたかな愛情のもと言葉の環境を整えること、また小学生になってからも高いレベルの環境をつくることで、必要とする多様な能力が育つという学習理論に出あったのです。

それは脳の働きを知ることと、ホルモンの分泌の働きを知ることにありました。0歳から12歳までの脳の発達曲線とホルモン機能曲線が指し示している意味合いを理解することにありました。すなわち子どもも時代に必要とされる種々さまざまな高いレベルの環境を整えてあげることで、やる気に満ちた、向上心の高い子になり、未来を楽しく生きられ、満足した人生を送ることができるというものでした。

こうした学習理論が果たして正しいものなのかを知る上で、欠かせなかったのがわが子たちの協力でした。３人の子どもたちは快くその実験台になってくれました。しかもおかげさまでどの子も、その成果は素晴らしいものでした。

これこそが私たちの求めていた教育の形であると確信を持ち、一大決心をしてそれまでの学習塾から転換して独自の「脳と心を育てるアカデミアキッズ百瀬幼児教室」を開き、没頭し始めてから約30年が経ちます。多くの方々から賛同を得られ、今では山梨県と長野県で合わせて10教室を開校するまでになりました。今も０歳から15歳までの幅広い年齢層の子どもたちが、この教室で学んでいます。

また『親勉』と称して、保護者の方たちとの勉強会もあり、多くの卒業生の保護者の方からも報告をいただいています。

「うちの子が医学部に合格しました。トンビがタカを育てました（笑）」「全国模試で一番でした」「算数オリンピックの代表に選ばれました」など、皆さんにこやかに報告してくれます。また「一般の進学や受験のための塾とは無縁の子でした」というのも、多くの親御さんから聞かれる声です。

こう書きますと、私どもは学業優秀な子どもたちを育てているとアピールしているように思われるかもしれませんが、そうではありません。私たちの教室では「ポジティブで、意欲的で、自信を持った、子どもらしい子」を育てることを目標としています。ですから本書で挙げた例というのは、自分の進むべき道を自ら見つけ、意欲的に挑み、そして成果につなげた子たちが多くいる、ということです。
学歴、学力を初めから求めたわけではありません。「地頭が良く賢い子、性格のいい子」に育てたゆえに、結果としてこのような子どもたちに育ったのです。

私たちは偏差値の高低では人は育たないと考えました。なぜこの教室が結果的に高い成果をもたらすのか。本書ではそのベースとなっている脳の機能についても説明しています。また長年、講師共々子どもたちの成果を追いながらつくり上げてきた工夫、トレーニング方法など、約30年以上もかけて培ってきたものを、この一冊にまとめました。

脳の働きとその教育的な効果については夫が、親としての関わり方については私が原稿をまとめるなど、お互いに意見を交わしながら、夫婦での共著という形としました。

くどいようですが、小さい頃から高い環境の中で刺激を受け、また親の温かな愛情と応援をもらえば、自ら学ぶ子どもに必ず育ちます。今の日本の偏差値教育のみでは、本来持っている子どもたちの能力は花開きません。

本書を通して、あなたのお子さんが未来への可能性の扉を開く、お手伝いができれば幸いです。

二〇一六年　弥生

百瀬　育美

心が強く稼げる子になる方法　目次

chapter 3
子どもの脳と心を育む　実践編

♥こんな子どもに育ちます！　145

prologue

理想の我が子の育ち方

～修了生の親からのメッセージ～

仲良し姉妹の成長、理科好きの姉は研究者をめざして

平成13年入室　岡谷市　Mさん（23歳）・Kさん（22歳）のお母さま

我が家には年子の二人の娘がいます。小さい頃からたいへん仲の良い姉妹で、姉が進学した筑波大学に妹もすすみ、地元を離れて二人で一緒に助け合いながら暮らしています。現在、姉は大学院で研究生活を続けていますが、大学4年生になった妹は就職を希望しています。いくつかの企業から内定をいただき、今は自分の将来に向けての選択を真剣に考えているようです。

娘たちが教室にお世話になったのは、それぞれ小学校3年生、4年生の時からでした。当時はちょうど就職氷河期で、若い人たちが社会に出るために苦労していることをニュースなどで見聞きして、娘たちの将来に漠然とした不安を感じていたのがきっかけでした。

親として、この子たちの将来のために何ができるかを考えていたときに、偶然「脳と心を育てる教室アカデミアキッズ諏訪校」があることを知りました。脳の発達は子

どもにとっていいのかな、という素朴な思いと、子どもたちには苦手意識を持たずに、何か根幹になるようなものを育《はぐく》めたらいいという期待で、私が入室を決めました。

普通の塾とは違っていたので、最初はどんな様子かと気になりましたが、親の心配をよそに二人ともすぐに教室になじんでくれました。勉強というよりも、遊びの延長のような感覚で、クイズやパズルなどを楽しんでいたようです。でも頭をしっかりと使い、脳をみっちりと耕す感覚が子どもながらにも感じられていたようで、「面白くて、やめられない」と二人は言っていました。月2回、毎回2時間行われるレッスンに通う日が、いつも待ち遠しいと言うくらい大好きでした。

二人が教室に通いだして数カ月ほど経ったときのことでした。この子たちは変わったなと実感する出来事がありました。家族でテレビのクイズ番組を見ていたときのことです。問題を聞くとすぐに、私たち親よりも早く、ふたりで競うようにパパッと解答するのです。物事を聴く力がとても高まっていて、また頭の回転が速くなり、脳のひらめきが良くなったような印象でした。子どもたちの変化に思わず夫と顔を見合わせたほどでした。

また、子育てをしていて感じたのが、娘たちの性格がとてもポジティブになり、自信が備わったこと。学校生活にも積極性が出て、小学校時代には姉妹で児童会の会長と副会長を務めました。

私はもともと、あまりとやかく子どもにいうタイプではありませんが、二人ともやる気をもって伸び伸びと、自分のことは自分で何でもやる子たちでしたので、何かを言う必要もなかったのかもしれません。とにかく安心して見ていられる子どもたちでした。

教室には上の子は中学2年生、下の子は中学1年生までそれぞれ5年間通いました。その後、高校受験を控えていましたが、特に受験のための塾に通うこともなく、「勉強しなさい」と私が叱ることもなく、自主的に勉強して、それでも成績は常に上位でした。

高校は二人とも長野県の公立の県内上位校に入りました。以前から理科系の勉強に興味を持っていた長女は、天文気象部に入部し、1年生のときに国立極地研究所が主催する『中高生南極北極オープンフォーラム』に応募したところ、「南極の気候でつくる高野豆腐はうまいのか？」というテーマで最優秀賞を受賞させていただきました。実際に、この実験は第50次日本南極観測隊が越冬期中に実施されたそうです。

また2年生のときにはちょうど在学する高校が、未来を担う科学系人材育成のための先進的な理科教育を行うSSH（スーパー サイエンス ハイスクール）の指定校になり、実施された海外科学セミナーにも参加することができました。憧れのアラスカに行って、オーロラ研究や、自身の高野豆腐研究にも取り組みました。

次女は高校1年生のときに市の姉妹都市交流で2週間ほどアメリカでのホームステイを経験し、それがきっかけとなって英語部に入りました。ディベート大会に参加するなど、部活動に積極的に取り組み、妹も充実した高校生活を過ごしておりました。

高校時代、本人たちの希望で学習塾には行かず、学校の授業だけでしたが、常に成績は上位をキープすることができていました。おかげさまで二人とも推薦入学で、国立の筑波大学への進学を果たすことができました。

これも百瀬先生の教室で身についた、勉強に取り組むまじめな姿勢やここぞというときに発揮できる集中力があればこそ、授業だけでも十分に学力を身につけることができたのだと感じています。

理系が得意で、地球や環境に興味を持っていた長女は希望がかなって、生命環境学群・生物資源学類に入学。さらに勉強を続けたいと大学院に進学し、今は生命環境科学研究科の修士1年生です。寝食も忘れて研究に没頭する毎日のようで、離れて暮らす親としては健康第一と心配もあるのですが、同時に一つのことに情熱を注ぎこむその姿に誇りも感じます。将来の目標については、研究者の道に進みたいという思いがあるようですが、彼女なりにしっかりと考えて、納得できる人生を歩んでほしいと願っています。

姉の背中を追いかけてきた次女も、大学卒業を区切りに、社会に出る道を選んだようです。彼女もまた自分の足でしっかりと、未来を切り拓いていくことでしょう。明るく優しく積極的な長女と、クールだけれど静かな闘志を心に秘めるタイプの次女。大きな反抗期もなく、学力だけでなく精神的にも安定した子どもに育ってくれたことを嬉しく思っています。

その原点となっているのは、教室に通うことで脳を刺激する貴重な体験を重ねたことはもちろん、瞑想トレーニングなどを通じて自己コントロールの訓練をしたことも、大きく影響しているように感じます。

塾に通わず一流大学へ。三兄弟が選んだそれぞれの道

平成3年入室　諏訪市　Uさん（26歳）・Kさん（22歳）・Kさん（19歳）のお父さま

私は親としての責任は、子どもが高校を卒業するまで。その後は子どもたちが好きなように生きればいい、という考えを持っています。我が家は男ばかりの3人兄弟ですが、三男坊も大学に入り、今は親の務めは終わった。あとは一人ひとりがどのような人生を歩むかを、一番近くで眺める応援団、観客であればいいと思っています。

そうは言っても、子どもが一人前に自分の足で歩いていけるようにするまでは、親としての責任があります。どのような教育を受けさせ、どのような力を育ませていくかは、親が何をしてやるかということでもあり、これこそがとても重要なことです。

長男が生まれた１９８９年は、昭和から平成に変わった年です。その頃、右脳ブームが起きていて、幼少期の脳開発についてさまざまな情報を得ることができました。私は子どもたちの将来のために、何か積極的にやれることはないかという思いがあったので、何冊もの本を買い込み、いろいろな種類のカードを見せるなど、脳に良いと

いわれていることをいろいろと試してみることにしました。

そんな自己流の取り組みをしていた、ちょうど長男が3歳になった頃のことです。百瀬先生の「脳と心を育てるアカデミアキッズ百瀬幼児教室」のことをあるきっかけから知り、これは我が子を入室させるしかないと即断しました。最初、妻はあまり乗り気ではなかったのですが、実際に子どもと一緒に通いだすと、これは面白いと私以上に夢中になりました。私も何度か教室を見にいったのですが、その様子を見て自分のやり方がいかに表面的で、自己流であったかを知らされました。それからはこの教室への信頼もグッと増しました。

4歳下の次男は生後7カ月から、さらに3歳下の三男は胎教から、ずっと教室にお世話になり、3人共に小学校高学年まで、通わせていただきました。

この子たちの他の子との違いを最初に感じたのは、幼稚園時代です。幼稚園で知育玩具などを使った遊びをしているときにその様子を見ていると、解いたり、完成させたりするのが他の園児よりもひときわ速いのです。

また3兄弟とも算数が好きなのも共通していて、長男は幼稚園の頃から数字の計算がとても大好きでした。また三男は小学4年生のときに算数検定の6級（算数検定の最上位、６年生の学力相当）に合格しています。

子どもたち３人が同じ教室に通っていたこともあり、我が家でも教室の延長のようにさまざまなことに、遊び感覚で取り組むようになりました。たとえば小さい頃から、家族全員で百人一首を覚えて、みんなで競い合ったり、トランプをしたり、面白そうなパズルがあれば買い込んで、夢中でみんなと解き合いました。いつもみんなでわいわいと楽しみながらゲームやトランプ、パズルをするのも家族５人で楽しむ娯楽でした。

親が我が子の能力をアップさせようと画策するのではなく、子どもと楽しみながら、親も教養を深めるくらいの思いでいるのがちょうどいいようです。

このように過ごしていますと、小学校に入学後は、３人ともほとんど苦労することもなく、淡々といい成績を取ってきましたし、特に算数などの理数系には抜群の強さを発揮していました。

ただ、成績が良いということだけでなく、この当時に私が教室の効果として感じたことは、心の落ち着き、安定です。それぞれに個性のある三兄弟ですが、自分というものをしっかりと持ち、激しく怒ったり、キレたりすることは家でも学校でもほとんどありませんでした。そのため友人関係も良好で、まわりからの信頼も厚く、小学校高学年からは学級委員をしたり、役員をしたりと、自然とリーダーシップを取る立場につくことが多くありました。これは長年にわたって教室に通ったことで培われた、人間的な成長なのだと思っています。

学校での勉強における理解力の高さに加え、人の話をきちんと聞ける姿勢、本を読む習慣などが小学校高学年までにしっかりと身についたことが基礎となっているため、その後の中学、高校時代も勉強にも苦労することなく、向上心はゆるぎないものとなっていきました。進学塾に通うこともなく、学校の勉強と自己学習のみで県内のトップ校に進学することができ、大学進学に関しても塾通いはせずに学校のサポートのみで合格を果たすことができました。

長男は慶応大学理工学部を経て、現在は大手ＩＴ系企業に就職、次男は学習院大学文学部に在学中、三男は早稲田大学理工学部に昨年、入学しました（長男・三男は推薦です）。

子ども時代から現在に至るまで、彼らの共通した良い点としては、常に前向きであること。これまでにもいろいろな困難には出あっていますが、なんとかなると確信を持って思えるところが親ながらにすごいと感じます。私自身がそれほどプラス思考なタイプではなく、いろいろと悩み込んでしまうこともあるのですが、その点、息子たちは羨ましいくらいに前向きです。ですので、これは遺伝ではなく幼少期からの経験、教室でのさまざまな取り組みがあればこその現在なのだと思えてなりません。

だからこそ、今は子どもたちが自由に伸びやかに、未来への道を歩んでくれると、そう信じることができ、彼らのサポーターとしてエールを送りたい気持ちでいっぱいです。

伸びやか姉妹、それぞれの夢に向けて

平成4年入室　上伊那郡箕輪町　Aさん（23歳）Tさん（20歳）のお母さま

もともと私が幼稚園の教諭をしていたこともあり、幼児教育に関して興味がありました。長女を妊娠して、いろいろと勉強をしていく中で、この教室への関心を深め、生後6カ月からお世話になることを決めました。

まだ小さい赤ちゃんのうちからの早期教育なんて、とおっしゃる方もいましたが、私は頭のいい子どもを育てたい、と思ったわけではありません。むしろ性格の穏やかな子どもに育ってくれれば、気持ちの落ち着いた子であれば、子育てが楽になればいいなぁ、そんな思いがあっての選択でした。初めての子で迷いもありましたが、やれることをやろうと入室を決めました。

まだ乳児期の頃では、教室に通うことが子どもにどのような変化をもたらすのかは明確にはわかりませんでした。でも教室は母子での参加でしたので、母親として子どもへの接し方や子育ての考え方などを学ぶ機会にもなり、新米ママには貴重な情報がたくさん得られ、それを子育てに生かすことができたことが良かったと思います。

たとえば、「お子さんにはたくさんのことを語りかけてくださいね」と教えていただいたので、普段の生活のなかでも、積極的に声かけをしていました。絵本を読み聞かせたり、一緒に手遊びをしたり。子どもとの関わりをたくさん持つように意識して過ごした記憶があります。

こうした関わりがあったからでしょうか。娘は2歳くらいになるとあふれるように言葉が出るようになって、とてもおしゃべりが上手になりました。3歳頃になると、自分の思いを口にだして言うことができていたと思います。また以前から文字をよく見せていたので、読み書きもとても早かったですね。でも文字や言葉を教えたのではなく、生活のなかで自然と身についていったので、こんな字が書けるんだ、読めるんだと驚かされることもしばしばでした。

長女はマイペースで、幼稚園時代から自分の世界を持っていて、好きなことに没頭する姿がよく見られました。3歳下の次女は、臨機応変に物事に対応することに小さい頃からとても長《た》けていましたね（笑）。二人を見ていると、姉妹でもこんなに違うものかと驚かされましたが、穏やかな性格であるところは共通していて、願いどおり、子育てに苦労をするようなことはあまりありませんでした。

二人とも、教室で体験するパズルやプリントなどがとても面白かったようで、毎回通うことを楽しみにしていました。また小学生になってからは、瞑想の時間が大好きで、小さいながらにも、気持ちが落ち着くと心地よさを感じていたようです。

学校の勉強も苦労をしたことはありません。低学年のころは我が子の実力もなかなか測れませんが、小学校高学年くらいになると少しずつ能力というものが明確になってくるようです。長女の場合、小さな頃からの読み聞かせから始まり、いつも本が身近にある暮らしをしていたためか、とにかく本が好きで好きでしかたがない。まさしく本の虫でした。小学校時代は近所の図書館で毎週10冊の本を借りて、読破してしまうほど。おかげで読解力が身につき、数学や理科、社会など、オールマイティで安定した成績を挙げることができていました。

次女は小さい頃から想像力が豊かで、お絵描きが大好き。絵を描きながらお話を作るのに夢中になる子でした。いろいろとおしゃべりをしながら絵を描くのですが、側で聞いていると親でも驚かされるようなストーリーで、我が子ながらにその発想力には目を見張るものがありました。

それぞれに違う個性を持ちながらも、しっかりとした芯のあるところは共通しています。思春期の頃には、誰でも友だちとケンカしたりと人間関係で悩むことも多くあります。でも彼女たちの良いところは、人の話をきちんと聞けること、相手を思いやる気持ちを持っていること。ですからいろんな壁にぶつかっても、ちゃんと解決への扉を開けるチカラがあるように思います。瞑想の効果でしょうか。自己コントロールも上手で、怒りや苦しみも、自分できちんと処理することができ、一晩寝たらリフレッシュしている、そんな心の強さを感じます。

本好きの娘は早稲田大学の教育学部にすすみ、昨年、念願だった出版社に就職しました。絵が大好きだった娘は、現在、専門学校でデザインの勉強をしています。将来の夢は何でしょう……。

二人とも、子ども時代から好きだったこと、得意だったことを将来に繋げたいとがんばっている途中。でもそれこそが幸せな人生の時間なのだと思います。

人生に二つの道はありませんから、どの選択が正しいか、間違っていたかを判断することはできません。でも、二人が歩んできた道に間違いはなかったと、その姿を見て今思っています。

自学自習で全国模試トップに

平成20年入室　松本市　Y君（10歳）のお母さま

百瀬先生の教室には、子どもが3歳の頃からお世話になっています。

小学校4年生になった息子は、この教室以外の塾などには通っていませんが、今回、腕試しにと大手塾の全国統一テストに挑戦してみました。

勉強は得意で、学校の成績もよかったので、いい結果が出たら嬉しいなと考えていた程度で、やはり塾で勉強している子たちにはかなわないだろうと思っていました。息子はそのとき、学校以外の場所でテストを受けることが、ちょっと特別な体験として、楽しみにしているような様子でした。

親の私がしたことは、夜寝る前に「模試ができる良いイメージで寝てね」と言っただけです。模試前もテスト勉強らしい勉強もしていなかったので、結果を見て少しは勉強する気になるかしらくらいしか思っていませんでした。

ところがテストの結果を見てびっくり。なんと2万4572人中で1位になったのです。さらに成績上位者50人がすすむ決勝大会に行くことになりました。

その順位にも驚かされたのですが、もっと驚いたのは、模試が終わった直後に息子が「決勝大会に招待されて、交通費や宿泊費も出るかもね」と言っていたことでした。まさか息子の言葉どおりになるとは、思ってもいませんでした。

しかも東京で行われる決勝大会のために主催者側が用意してくれた宿泊先のホテルは、私が大学受験のときに両親から「一生に一度のことだから高級なホテルに泊まっておいで」と言われて泊まった思い出のホテルでした。

私は大興奮してそのことを息子に伝え、「ありがとう」と言うと、息子も「ぼくがお母さんを連れて行ってあげるんだね」と大喜びでした。

決勝大会はかなり難しいレベルの問題が出されたようで、学校の勉強しかしていない息子には難問も多く、上位にはなれませんでした。しかしそれでも塾にも行かず、決勝戦まですすめたことで、本人はとても満足した様子でした。

息子のおかげで、親子ともに貴重な経験をさせていただきました。親としても、これからも勉強だけでなく、いろいろなことにチャレンジさせていこうと改めて思えた経験でした。

息子は勉強以外でも、運動面や芸術面でも能力が出はじめています。小学校に入って間もなく、「足は速いし、計算も速いし、字も上手だ」と評判になり、学校内外の大会などに参加する機会も多くなり、今ではたくさんの賞状やメダルをいただいています。他のお母さんたちからも「文武両道でいいね」とお褒めの言葉をよくいただきます。

担任の先生や校長先生からも、「挨拶ができて、礼儀正しい子だ」とかわいがられています。苦手なお友だちもいないようで、「誰とでも仲良くできる」と言っていますし、活発に楽しく学校生活を送っています。

我が子の成長した姿を見ると、これからもきっと何があっても、人生を楽しんでいけると思います。これも、3歳から続けた教室でたくさんのことを得られたことの成果、と感謝の思いでいっぱいです。

chapter

1

こんな子どもに育てたい！

子育ての最終目標は『子どもの自立』

子育て中のお母さんは、子どもの世話ばかりでなく、食事、洗濯、掃除など、慌ただしい日々を過ごしています。さらに現代では、社会と関わり、自分磨きの仕事もあります。目の回るような忙しい毎日ですが、我が子の成長を見つめながら、一緒に時間を共有していくことは、楽しいことでもあります。

毎日が忙しいと、目の前のことの処理に精一杯で、なかなか子どもの将来像や未来の姿に思いを馳せることはできないかもしれません。でもあっという間に子どもは成長し、大人になっていきます。あとで「こうすればよかった」「ああすればよかった」と悔やんでも、時間は返ってこないのです。だからこそ、親が「この子が将来どのように生きてもらいたいか」と考えてみることも必要なことではないでしょうか。

我が子の将来像というと、家業を継ぐのでもない限り、一般的には一流企業に勤務するとか、お医者さん、研究者、弁護士、プロ野球選手など、あこがれの職業はいくつかあるかもしれませんが、なかなかどれも道は険しそうです。そのことは親自身がよくわかっていて、むしろ子どもたちに無理な苦労はさせたくない、好きなことを自由にやらせたい、と思われる理解ある（？）親も、最近はけっこう多い傾向にあるようです。

けれども日本の状況をみると、子どもたちの向かう未来は決して明るいばかりとは言えそうにありません。これから少子高齢化がさらにすすみ、貧富の差も拡大するといわれています。しかも情報化社会の進展によって、社会構造は私たちの予測を超えて大きく変化していくことでしょう。どんな職業に就きたいかと考えても、今ある職業の中には、ロボットたちがその役割を担ってしまい、失われてしまうものも数多くあるのではないかと言われています。

そうした未来に立つ子どもたち。将来、大人になって、自分のやりたいことを選択するのは、その子自身のことで、親である私たちには決めることはできません。しかしやりたいことを見つけたときに、それができる能力を備えさせてあげること、それはまさしく親の役割であると思うのです。

未来を予測することは難しいといわれる時代に突入してきました。誰もが想像し難い世の中にあっても、どのような社会が訪れても、我が子には幸せになってほしい。

そう思うのが親心です。ではそのためにはどうしたらよいでしょうか。

それは最終的に、自立して生きていける力を持った大人にさせることではないでしょうか。どんな状況にあっても、自分の信念を持って、自分の力で生き延びていける、それこそが未来の幸せを手にする子だと、私たちは考えています。

えっ、それってどんな子？　ちょっと漠然としていて、わかりにくいかもしれませんね。そこでもう少し具体的に、これからの時代を生き延びていく、自立して、自分の夢を叶えていく大人になるために、何が必要かを考えていきたいと思います。

幸せな人生に必要なもの

人によっては、幸せな人生を過ごしていくために必要なものとして、地位、名誉、財産などを求める方もいます。もちろんそれらは自分のあり方において、重要なものであるかもしれません。しかし果たしてそれらを手に入れることが、本当に幸せを得ることにつながるのでしょうか。

地位や名誉そして財産などは、目に見えてわかりやすいですが、ひとつ手にすればさらにもっと欲ばかりが果てしなく続き、我が身を見失うことにもなりかねません。またそれらを追い求めた結果、人を思いやる気持ちを失い、なかには家庭内が冷え切っていたり、夫婦ゲンカが絶えなかったり、財産争いで兄弟がいがみ合うなど、幸福からは遠ざかるばかり。世の中にはそんな話が有り余るほどあります。

父親と母親とでは願望を異にするかもしれませんが、私が思うには、親が子どもの未来に願うのはまず健康があります。そして人に迷惑をかけず、自分の力でこの世の荒波を逞しく渡ってもらいたい。人の愛情のお裾分けをいただき、自分らしく楽しく生きていってほしい。そうした思いが必ず根底にあるはずですし、親としては子どもに対してそう願うのが当然のことです。

ところが昨今の新聞やテレビなどでは不登校や自殺など、昔はなかったような辛い、悲惨な出来事が日々話題となっています。明日は我が身か！　と思うような事件も多々見られます。また学業不振から自分に自信がなくなってしまったり、精神的に病んでしまい、未来に夢や希望を持てない子どもたちも多くいます。

幸せな人生を歩ませたいと思うのは親心。でも強く心で思っても、ただ思うだけでは何も道は拓けないのです。そうしたさまざまな厳しい外的、内的環境に直面していく現代の子どもたちに、その困難のなかでもきちんと生き延び、自分は幸せな人生を歩んでいると感じることができるようにするために、親としてやるべきことが必ずあります。

私たちは塾経営を経て、子どもたちの行く末を思いやったとき、「12歳までが子どもの人格形成の時期」ではないかと仮説をたてました。そしてこの時期にこそやるべきことを考え、生徒さんたちに実践してきました。

さて、プロローグで紹介したお子さんたちの成長を、どのように感じましたか。学校の成績がよくて羨ましい、いい大学に入れていいな、と思われたかもしれませんが、それはひとつの形にしか過ぎません。

私たちが伝えたいのは、幼少期からの教室での経験を経た子どもたちが、人生に積極的に取り組み、良い人間関係をつくって、プラス思考で自分の心を支え、困難に出あっても挫けることのない精神力を磨き、生きていく力を身につけること、そこなのです。

「生きることって楽しいね」と常に心で思っている人生は、しっかりと自分の足で立てる人生。しっかりと自立して生きていける人に育つこと。プロローグに登場した子たちは、それを実践できた子たちだということなのです。

これこそがこの子どもたちの魅力です。もちろんこの生徒たちはほんの一例で、そうした力を身につけた多くの子どもたちが教室から巣立っていったことをお伝えしたかったのです。幸せな人生に必要なもの。それは自立できる力。自分に肯定感を持って、前向きに生きていく力。

温かい環境を整えてあげて、脳の働きを知り、それにふさわしい関わりをする子育てを実践すれば、親子ともども「あなたを産んでよかったわ」「お母さんの子どもに生まれてよかった」「生きることって楽しいね」と喜べる子育てができるということを知ってほしいのです。

質のいい子に育てる

机や鉛筆などの文具にも「質」があり、その良しあしを問われることは多々あります。食品にもそれはあり、メディアでも報道され、よく話題にもなります。ところが人は物でなく人格を持っているため、その質の良しあし、というような話は一般的にはあまりされないようです。

「質がよい子」というと、確かに皆さんは抵抗感を覚えるかもしれません。人はそれぞれ個性があって、多種多様で、一人ひとりが違うから、「質」などという言葉では論じられないと。確かにそうかもしれません。しかしここではあえて、「子どもの質」について、考えてみたいと思います。

「質」について考えるために、野菜のトマトで例えてみましょう。実がしっかりとしていて、甘味と酸味の味わいがしっかりとして、みずみずしいトマトを口にしたら、「これは質のいいトマトだ」と思いませんか？　そして、こうした質のいいトマトはどのようにして作られるかを考えてみましょう。

おいしいトマト、質のいいトマトを作るには、それを生産する農家の人たちのさまざまな努力の積み重ねが必要です。良い作物は温かな土壌の中でしっかりと根を張り、サンサンと降り注ぐ太陽の光を浴びて成長し、十分に成熟して質の良い作物として世に出ます。その環境を整えてあげるのが農家の人々です。

子を育てる親の役割も同じです。質の良い土壌を作り、良い肥料を与え、その中で温かく熟成させることで、我が子を良い作品として世に送り出すことができるのです。

環境を整え、高く良い刺激を与え、温かく育てることで、自分の可能性に挑戦する姿勢を持ち続け、諦めずにすすめる「生命力」の強い子、自分の人生を構築するために努力できる「質」の良い子が育つのです。

昔から子どもは親を超え、親はそれを喜びとすることで時代の変革は起こってきました。ところが現代社会では、新しい時代に向かっていこうとする、力強い子どもたちが少ないように思われます。

先行き不透明であるといわれる時代に、子どもは一人で大海原に出て行かなくてはなりません。ときには嵐に見舞われ、大波に呑み込まれそうになるかもしれません。突然変貌する荒海を渡るためには難破の危険も回避しなければなりません。

人生にはさまざまな危険があり、それを乗り越えながら人は生きていくのです。同じ苦難を味わっても、そこで潰れてしまう人と、苦境を脱してさらに立派に成長していく人がいます。その違いもまた、人間の「質」によるものなのです。

また、質を高めると思考も柔軟であるため、危険も察知し、自ら新たな道をつくる可能性を持つ子に育ちます。柔軟なものの考え方ができると、転んでも何かをキャッチでき、運を引き寄せやすくもなります。

人も植物も同じであり、その土台である土作りをしっかりとすることで、どんな時代にも適応できる子が育つのです。子ども時代に人としての基礎をしっかりと身につけ、生きる力を備えること、すなわち人としての「質」を高めることが、その子の将来への道を明るいものへと導いてくれるでしょう。

子どもの将来性・器＝能力×性格×親の肯定的思考

それではしっかりとした土壌を形成するためには、親たちはどのようにしたらいいのでしょうか。

45年という間、私塾を開いてきてさまざまな子どもたちを見てきました。親への依存度が高い子、自分の意志が薄弱な子、学力が高いにもかかわらず生命力が乏しい子など、これからの将来をどうやって生き抜いていけるかと不安を感じる子も多くいました。また、ときには不登校の子や家庭内暴力で家に居場所がない子などを、我が子同然に世話したこともあります。

そうした経験があればこそ、子どもたちの未来を幸福に、豊かにするためには、ある公式があるのではないかと思い至ったのです。

その公式とは、『子どもの将来性・器＝能力×性格×親の肯定的思考』というものです。

子どもは本来、天才的な素晴らしい能力を持ってこの世に誕生するのです。生まれたばかりの赤ん坊は何もわからない、というのがこれまでの定説でした。ところがその生まれたての子どもこそ本当の天才なのです。そして子どもは環境適応能力が高いため、まわりにあるものをどんどんと吸収していく力を持っています。

この能力をしっかりと伸ばしてあげれば、自分の持つ能力に自信を持ち、しっかりと前向きに努力をすることもでき、自身の持つ得意分野で未来に花開かせることができるはずです。能力を伸ばしてあげること、その能力に自信を持つこと、その能力を生かし前向きに人生を生きる努力ができること。それは人生を歩む上で、とても重要なことです。

それが生かされないまま日々を過ごすことは、とてももったいないことだと思います。

また、プラスの人生を歩むためには、性格もとても大切です。物事を常に前向きに考えられるポジティブ思考や、人間関係を良好にできる穏やかな性格など、人として生きる上での人間性を高めることも、良い人生を歩むための大切なポイントになります。

素晴らしい能力、そして良い性格があったとしても、親の思考の在り方の善しあしで、ときにはそれを阻害してしまうこともあるかもしれません。子どもたちの将来に大きく関わるのが親の思考です。

「ノミとコップの話」をご存じでしょうか。ノミの大きさはわずか2、3ミリほどですが、30センチもの高さを飛べるジャンプ力を持っています。ところが10センチほどの高さのコップにノミを入れてガラスのフタをしておくと、どうなるでしょう。なんと何度も頭をぶつけているうちに自分は高く飛べないものだと思い込んでしまい、フタをとって外に出しても、10センチしか飛べないノミになってしまうのです。

人間も同じです。親がダメだダメだと言っていると、子どもも自分はダメな子だと思い込んでしまう。それではせっかく生まれ持っていたすばらしい才能も、伸びるはずだった能力も、生かすことができなくなってしまいます。

母親は生まれた直後の赤ん坊を抱き、この子の未来が良きものであることを願うものです。ところが煩雑な日々のなかで、いつしか夢が泡のように消えてしまいます。人は心の奥底に自分の原風景をしっかり刻んであり、そこが自分を再認識できるいちばん居心地のいい場所であることがわかっています。その中には、これまで種々さまざまな生活の中で叶わなかった体験がいっぱいあるため、自分の上限を知らないうちにつくり上げてしまっているのです。

子どもに夢をかけながらも、親が「分不相応」という枠組みをつくってしまうことで、親子同じという場所に安住してしまいます。子どもはそこから飛び立つことができず、どうせ自分はこのくらいのものだと自分で限界をつくってしまう。それでは我が子の未来への可能性を奪ってしまうことにもなりかねないのです。

私の教室に子どもを通わせているご両親の中には、「私は学校の成績がよくなかったし、いい学校も出ていないし、子どもが勉強できなくても仕方がない」とおっしゃる方がいます。しかしそれも違います。子どもの身体は親のＤＮＡをもらいこの世に誕生しますが、心や脳には素晴らしい環境適応能力があると思われます。頭の良さ、能力は、遺伝ではなく環境によって左右されることが大きい、ということもわかっています。だからこそ親の肯定的思考が、子どもの成長、さらに将来の可能性を伸ばすか否かを決める、重要な要素となるのです。

私が出した結論は、子どもの能力を十分に蓄え、そして伸ばし、性格のいい子に育てて、親の肯定的思考があれば、子どもは水を得た魚のように元気よく楽しく世の中を渡っていけるはずであり、子どもの将来は必ず恵まれたものになる、というものです。

できればすべてのご両親に、それを踏まえて子育てをしてほしいというのが、今の私の正直な思いです。

賢さは夢を実現するパスポート

賢い子に育てる。それは親が子育てをする上で、ぜひこだわっていただきたいことのひとつです。

賢い子の定義にはいろいろとあると思いますが、特に子ども時代では、学校での勉強がよくできる、というのが一つの指標にはなります。もちろん大人になれば、賢さの定義も変わってくるでしょう。どんなにいい大学を出ていても、社会への順応性がなかったり、人間関係でトラブルばかり起こす人もいますから、決して学歴や学力だけが賢さの指標になるわけではありません。確かに本来求められる賢さとは、学力というよりもむしろ、柔軟なものの考え方や、発想の豊かさ、人との関係性をうまく構築できる力など、さまざまなものを統合してこそのものです。

こうしたものは人生での経験の積み重ねによっても育まれていくものですから、小さい頃から賢さの本質として追求するのは難しいといえます。しかしそのベースとして、学力が優れているということは、やはり賢さの一端を担い、子どもが身につけておきたい条件であることには間違いありません。

学校の勉強では、さまざまな能力が問われます。国語、算数、理科、社会、音楽、美術、体育など、いろいろな科目があるのは、個々の能力と、さらに総合的な力を身につけるためです。文章を読む力もあれば書く力、数字に対する理解や計算能力、物事を記憶する力、音を聞き分ける力、絵で、音で表現する技術、体を上手に動かす技術などなど、多方面な能力が求められているのです。

学校の成績は画一的と思われるかもしれませんが、実はこうした学業はさまざまな能力が試されているのです。そして学校の成績がいいということは、生きていく上で必要な知識や知恵、技術、考える力などを備えているという評価でもあるのです。

また同時に現実として、今の日本の社会は、能力主義、実力主義ともいわれていますが、まだまだ学歴社会でもあります。それは学歴がすべてということではありませんが、よほど秀でた優れた才能がない限り、一般的には最終学歴や卒業大学が、その人の人間の能力の指標として、人間のひとつの評価となることが現実にはあります。

また学力が高いことの大きなメリットとして、それだけ人生の選択肢が増える、ということもあります。たとえば医師になりたい、弁護士になりたい、あるいは宇宙飛行士になりたいと思ったとき、競争率の高い試験を勝ち抜く、難関の大学に入る、難しい国家試験に合格するなどのためには、やはり学力の高さが必要なのです。

賢い子に育てる、ということは、決していい大学に入ることや、一流企業に就職するといっただけのものでなく、将来への道を広げる、子どもが描いた夢を実現させるための、パスポートを手に入れさせることにほかなりません。

人間性の高い子は夢を摑むことができる

人は、ひとりでは生きていくことができません。さまざまな人と関わりを持ちながら、刺激し合い、学び合い、成長していきます。学校でも、社会に出てからも、人との関わりの多少、良しあしが、人生を左右するといっても過言ではないかもしれません。

人間性の高い子とは、人との関わりが上手な子です。他人の気持ちを思いやることができる子。人のために何かをすることを苦にしない子。まわりとの協調性がある子。そして同時にしっかりと自分というものを持ち、自己を表現できる子です。

このように人間性の高い子は、人としての魅力にあふれているため、自然とまわりに人が集まります。多くの友人に囲まれ、また教師や周辺の大人たちからもかわいがられます。そうした環境に恵まれると、さまざまなチャンスを得ることにもつながります。ユーモアに富み、人望も厚いため、学級委員に選ばれたり、学校の中心的な存在として生徒会の役員や、人をまとめる力がある故に部活のキャプテンになるなど、責任ある立場を任されることにもなり、より自分を高い環境において成長することができるでしょう。また教師や大人からも期待や信頼を寄せられることで、高いステージで活躍できるような機会にも恵まれます。反対に困った状況に陥ったときも、まわりに信頼のある人々がいれば、誰かが心を支えてくれたり、援助の手を差し伸べてくれることにもなるでしょう。

人間性の高さ、人に恵まれるということは、人生のさまざまな場面において、人との関わりがプラスの方向へと導いてくれることにも繋がります。

多くの人から信頼されることで、恵まれた経験を積み、チャンスに出合う機会も増える。それはその子が描いた将来の夢においても、たくさんのサポーターを得られ、豊かな人生を送れるということ。ですから人間性を高めることは、未来の夢を摑むためにもとても大切なことなのです。

肯定的思考は心を強くする

私事ですが、心配性の祖母に育てられました。彼女にはいつも「世の中は思うようにはいかないもの」という憤りがあり、それを言葉にすることで自分を慰めていました。さらに母親は祖母に輪をかけたような心配性で、小さなことにもいつもくよくよと悩んでいました。このような環境で育てば、当然私にも大きく影響することは火を見るよりも明らかでした。マイナス回路はしっかりと子ども時代から出来上がって、それが結婚、子育てにおいても大いに悪影響を及ぼし、負のオーラにどっぷりと包《くる》まれてしまいました。

しかしあるとき、このマイナス思考の潜在意識が、すべての悪の根源だと気づき、物事をプラスに考えるように努力をしました。するとこれまでどうしても抜けることができなかった困難から、次々と解放されていったのです。この経験を通して、やはり人間は肯定的に物事を考えることが大事、と確信を持つことができました。

ところが最近の子どもたちは、この肯定的思考がどうも苦手なようです。私の子ども時代と同じように、親の心配性や不安な心理が子育てにおいても反映されてしまっているのでしょうか。自信のない親が、子育てにおいても否定的な言葉かけや態度をしてしまい、子どもがその負のオーラに包まれてしまう。すると子どもも自信を失い、自分を否定的に捉えてしまうようになる、そんな傾向があるように感じられます。

人生にはさまざまな苦難が訪れます。しかし同じような状況にあっても、それを受け止めたときにどのような思考ができるかによって、その後の状況は大きく変わります。

たとえば学校で何かの失敗をして、先生にひどく叱られたとします。否定的思考を持っていると、自分はダメな人間だ、先生から叱られて嫌われてしまった。きっと学校の成績も下がってしまうに違いない、などと悪く悪く捉えてしまいます。すると行動にもその考えが反映されてしまうようになり、思い通り（？）に先生の評価が悪くなってしまい、成績も落ちてしまうという悪循環に見舞われてしまうかもしれません。

しかし肯定的思考の持ち主であれば、先生は僕の悪いところを叱ってくれた。それは先生が僕を思ってしてくれたことだ。先生に素直に感謝して、この失敗を繰り返さないために努力しよう、と考えることができます。そうして悪いところを改善し、先生からも評価されて、さらに先生からの期待に応えようともっと勉強を頑張ることで、成績も上がっていくという好循環をもたらすかもしれません。

このように同じような状況が巡ってきたとしても、考え方ひとつで人生がプラスにもマイナスにも動きます。それならば物事をプラスに考えられる、肯定的思考を持っていたほうが、人生はいい方向へと向かっていく可能性は高いでしょう。

また、どんなことにも肯定的に考える習慣が身につくと、心へのダメージが少なくなるので、さまざまな辛い状況にあっても、心が折れない、強い心が育ちます。

最近は、大人から子どもまで、打たれ弱い、心が弱い人が増えています。

さらに心配なことには、一人っ子や二人兄弟など、子どもが少ない環境の中で子育てをする現代の親たちは、大事に大事に子どもを育て、子どもにかわいそうな思いをさせたくない、辛い体験をさせたくないと先回りして、目の前のつまずきそうな石ころを拾ってしまう傾向にあります。そのため、突然、大きなトラブルに見舞われると、心がポキンと折れてしまうことにもなりやすいのです。

肯定的思考で心を強くすることは、子ども時代から大人になったその先まで、さまざまな苦難に遭っても前向きに考え、生きられる、今の時代にもっとも大切な処世術ではないでしょうか。

心が穏やかだとストレスに強くなる

現代の子どもたちは、さまざまなストレスに晒されています。勉強のこと、友だちとの人間関係、将来のこと。未来がある子どもたちだからこそ、さまざまな悩みと向き合いながらも、自分らしい道を選択していくことが重要です。しかし悩みすぎてストレスを抱え込んでしまい、体調を崩してしまったり、精神的に不安定になったり、不登校になってしまったりする子どもたちも、最近は少なくありません。

またこうした状況をよく見聞きするため、最近の親は子どもを心配するあまり、辛い思いをさせたくないと困難を取り除いてあげたり、すぐに手を差し伸べてしまいがちです。しかしそれではいつまでたっても、困難を乗り越えられる逞しい子どもには育ちません。

ストレスは、決してマイナスなことばかりではありません。ストレスは成長のための起爆剤でもあるのです。心にストレスとなるような出来事が起こったとき、どうにかそれを乗り越えようと努力する。それが人としての成長を促していくのです。

だからこそ必要なのは、さまざまなトラブルに直面しても、その問題を自分で解決できる強さを持っていること。たとえストレスを感じたとしても、それを克服できる心の強さが大切なのです。

いつも心が安定している子は、ストレスに強いといわれています。それは辛いことが起こっても、その現実をきちんと受け止めることができ、解決するためにはどうしたらいいいかを冷静に考え、答えを見いだせるからです。またそれを行動に移して、良い結果へと導く力を持っているからです。

反対に心が不安定な子は、心に大きな負荷がかかると気持ちが動揺してしまい、上手に問題を処理できなくなります。そのためストレスが積み重なって、結果としてストレスに押しつぶされてしまいます。

人として成長していくためには、ストレスとなるような出来事に出合ってもきちんと受け止め、自分の心で解決する能力が必要です。心が安定していると、ストレスにも上手に向き合い、打ち勝つ強さが身につきます。

集中力のある子は事を成し遂げることができる

どんな子どもでも、自分の大好きなことに対しては、まわりの出来事も気にならないほど、無我夢中に取り組むものです。それはまだ2歳、3歳といった小さな子でも同じこと。大好きな自動車の絵本をずっと見ている、ブロックで遊びだしたら止まらない、絵を描きだしたら時間を忘れて夢中になる。こうした素晴らしい能力は、もともと誰にでも備わっているものです。

ところが一般的には、成長するにつれて、この何かに集中するという力が失われてきてしまいます。小さいころには何かに夢中になると、他のものにまで気が移らなかったものが、成長するほどに外部から入るさまざまな情報に気を取られ、気持ちをそこに集めることが難しくなってしまうのです。

しかし集中力というのは、訓練することによって伸ばすことができる能力です。

それを象徴している出来事が、私たちの目の前で起こりました。2015年のラグビーワールドカップで、日本中に感動の渦を巻き起こした日本代表チーム。なかでも五郎丸歩選手がゴールキックを決める際の集中力を高める姿は、とても印象的でした。何万人の観衆の中でも、まさに自分の世界に入り込み、思い描いたとおりのキックを蹴る。どんな状況にあっても自分の持つ能力をいかんなく発揮できる。それは彼が自分の心をコントロールして、集中力を高める技術を持っていたからです。そしてそれはトレーニングによって培われたものでした。

大事な試験、ピアノの発表会、運動会の徒競走。集中力がモノをいう場面は、さまざまにあります。このように、ここぞ、というときにまわりの雑音に心惑わされることなく、集中力を発揮できるということは、自分の力を最大限に発揮できるということです。それは同時に成功を手にする可能性を高めることでもあります。

また、集中力があれば、勉強でもスポーツでも、限られた時間の中でより効果を高めることができます。100個の漢字を覚えなさい、と言われても「嫌だなぁ、面倒くさいなぁ」と思いながら覚えるのと、「よし、頑張ろう！」と思って集中して覚えるのでは、時間も成果も大きく違います。

集中力のある子は、勉強でもスポーツでも、あるいは芸術の世界でも、自分の能力を伸ばすことができ、また十分に発揮することもできます。それは事を成し遂げることができる力にもつながっていきます。

どんな環境でも生き抜く力を持つ

先にも述べましたが、年々、社会の進化は著しく、これからの時代がどう変化するのか、未来、いえ明日のことでさえも予測することが難しい時代になってきました。

世界の情報が一瞬でわかるグローバルな時代となり、国を超えた地球規模で物事を考えることが当然となってきました。２０１４年にオックスフォード大学で、10年後に残る仕事、残らない仕事という調査研究が行われたそうです。今まであって当然だった人間の仕事が、未来にはロボットの進出で私たちから仕事を奪い、脅かすようになるのでしょうか。

私などは、背中を押されるようなせわしない毎日よりも、真っ青な空の下、ゆっくりとティータイムを楽しむギリシャ時間を持ちたいと思うのですが、今現在ではそれも欲張りなことになってきました。

現代の子どもたちは、何不自由のない快適な生活に恵まれて生きていますが、それが今後どれだけ長く続くか、または今後はどんな時代が到来するかは誰も想像はできません。

否定的な見方と思われるかもしれませんが、もしも混沌とした時代がきても、酷な時代になったとしても、それを乗り越えなければならないのです。時代と共に生きていかねばならないのです。

私は結婚前に英語教室、結婚後一般的な左脳習熟の学習塾を開いていました。その後我が子からの教えをもとに方向転換をし、「心を育てる」「生きる生命力の強い子」になるにはどうしたらいいかと試行錯誤して、今の『脳と心を育てる教室アカデミアキッズ』に到達しました。そして子どもに実践するだけではなく、子どもを取り囲む親、家族の皆さんに、子どもの持つ限りない能力や、脳の働きを伝え、親の協力を仰ぎ、これまで続けてきました。

その成果としては、ストレスに強く、自分の未来を上手に創造でき、それに向かってまい進できる、笑顔のあふれる自己肯定感のある子どもたちが育ちました。そして、自分の好きな仕事、自分に適した仕事につける子供達が、当教室から多く飛び立っていきました。

どんな困難な時代が到来しようとも、世界のどのような場所で生活しようとも、強い生命力やポジティブな思考、ピンチをチャンスに変える力を育てれば、子どもは可能性を信じて自分らしく生きていけます。

chapter 3「子どもの脳と心を育む　実践編」で紹介する『子どもの瞑想』の時間には、「将来、宇宙に住むかもしれないね」とか「海の底に海底王国ができ、そこに住むことができるかもしれないね」、などと想像力を育てています。

「空想は知識より重要である。知識には限界がある。想像力は世界を包み込む」と語ったのはアインシュタインです。想像力を豊かにし、夢をもって進んでいってほしいものです。

子どもの未来は親の選択から

子どもの成長において、また人間形成において、0歳から12歳までの時期がとても重要だと私たちは考えています。そのために、この時期に何を与えるべきか、何をするべきか、それを考えながら子どもたちの教育に取り組んできました。

現在の日本では、子どもの教育といえば、3歳、4歳児からの幼稚園ではじまり、6歳から小学校での義務教育で本格的にスタートするのが一般的です。しかしこうした当たり前の教育だけで、本当に十分なのでしょうか。ますます厳しくなるであろう日本の社会で、自立して、経済力をしっかりと身に付けて、自分の足で立ち、歩める、自分の力で未来を生き抜く力が、今の与えられた教育だけでは十分でないことを、私たちは長年にわたって多くの生徒さんを預かってきた塾講師として痛感したのです。

特に重要なことは、chapter 2「脳を鍛えれば子は伸びる」で触れますが、誕生から6歳までの間に子どもの脳は急速に発達するということ。子どもは誕生したその瞬間から、脳は目覚ましい勢いでたくさんのことを吸収しながら発達し、成長していきます。だからこそ子どもが将来、自分の幸せを自分の手で勝ち取っていくために必要なさまざまな能力を備えるには、生まれたその時から、いえ、できればお母さんのおなかにいる時から、恵まれた環境を整えてあげることが必要なのです。

親御さんによっては、親があれこれ言うよりも、本人がやる気になったらやらせればいい。我が子の意思を尊重したい、と思われる方もいます。しかしそれでは遅いのです。子どもが自分の意志でやりたいことを選べるのは、もっとずっと先のことです。

生まれたばかりの赤ちゃんだって、きっと幸せな人生を歩みたいはずです。でもそのために何をすればいいかなどとわかるはずもありません。3歳だって、5歳だって同様です。小さな子どもたちにとっては今を生きることに一生懸命で、将来のために何が必要かなどとは思い至らなくて当然です。

だからこそこの時期の子どもたちに必要なことは、子どもの成長、発達を理解しながら、それに適した学びや経験を、親が選択して与える、その環境づくりです。

子どもは自分の育つ環境を選ぶことはできません。必要な時期に必要な栄養と、良い刺激を与える環境を用意することこそが、子どもの未来のために親としてやるべきことなのです。

ストレスに負けない強い心をもち、辛いことがあってもプラス思考でその壁を乗り越え、人から愛される人間力を備え、学力的にも安定した、健康にも問題ない、質の良い子。我が子をそんなふうに育てたいと思いませんか。

子どもの未来は、すべて親の選択によって決まる、そう言っても過言ではないのです。

さあ、あなたは子どもの輝かしい未来のために、何を選択しますか？

chapter

2

脳を鍛えれば子は伸びる

早期教育の誤解を解く！

日本での義務教育は6歳になる小学校から始まります。ここで文字を覚えたり、数字を学んで、徐々に文章が書けるようになったり、計算ができるようになって、本格的な学びの世界へと入っていきます。ですから日本では、教育は小学校になってから行うものと、一般的な考え方として定着してしまっているようです。

しかし子どもたちは、小学校に入ってから突然、知能が発達するのではありません。むしろもっとずっと小さい時から、自然と言葉を覚えていきますし、数を数えられるようになります。子どもの興味や親の働きかけによっては、読み書きや、簡単な計算ができるようになる子もたくさんいます。

子どもたちは生まれた時から自然な環境の中ですでに学びははじめており、さらにより良い環境を与えていくことで、驚くほど素晴らしい可能性を伸ばしていくことができるのです。

ところが日本人の多くは、子どもたちにこうしたさまざまな可能性があることを積極的に受け止め、評価して、生かしていこうという考え方に至らない人がほとんどのように思われます。

私たちの教室の乳児クラスでは、生後6カ月の赤ちゃんからお母さんやお父さんと一緒に参加することができます。しかし「生まれてからまだ間もない赤ちゃんに何を教えるのか？」「そんな小さい子に教えたってわかるはずがない」「そんなに早くから勉強をさせるなんて、赤ちゃんが可哀想ではないか」といった声が外から聞こえてくるのも事実です。

「早期教育」あるいは「幼児教育」という言葉が独り歩きして、赤ちゃんや幼児に無理強いして勉強させるなんて、親のエゴだ、なんて思われることもあります。しかしそれは大きな誤解です。そう言う人ほど、本当の赤ちゃんが持つ能力の真実を知らないと思うのです。

脳がまだ柔らかなうちに子どもの知的好奇心をふくらませ、刺激して、促進することで、人の脳は吸収能力や順応能力を高めることができるのです。決して何かを教え込むのではなく、子どもが積極的に楽しみながら取り組める環境を整えながら、脳を刺激してその発達を促すのが早期幼児教育です。幼いうちから行うことによって脳の活性化を高めれば、後の人生において、多方面でその成果をみることができます。

『三つ子の魂百まで』ということわざがあるように、子どもが生まれてから3歳までの育て方がとても大事ということは、昔からよくいわれてきたことです。さらに近年、科学や医療の分野の研究が進化して、脳の発達においても幼少期の時期の経験が、その後の発達に深く関わりがあることがわかってきました。

まだ早すぎる、というのは子どもの脳に関しては間違い。少しでも早いうちに、ということがとても大切なのです。

それはなぜか――。

人の脳の仕組みを知れば、きっと理解していただけることでしょう。

脳の80パーセントは6歳までに完成する

人間の脳は、約140億個の細胞でできているといわれています。しかもこれらは、細胞分裂を起こすことのない細胞なので、生まれてから死ぬまで一生、決して増えることはありません。

ところが人間の脳というのは赤ちゃんの時から乳幼児の時期にすばらしく発達していくことがわかっています。「ベイリーの知能発達曲線」によれば、生まれたばかりの赤ちゃんの脳の重さは約300〜400グラム程度しかありませんが、1年後には約2倍に、2年後には3倍にと急速に発達していきます。そして6歳くらいまでの幼児期に約80パーセント、12歳になる頃に100パーセント近く完成するといわれています。

脳細胞の数は増えないのに、なぜ脳の重量は生まれた後に急激に増えていくのでしょう。それこそ人の神秘が隠されているとしかいいようがありません。一般的な説としては、赤ちゃんはお母さんの産道を通って生まれてくるため、その時に頭が大きいと、上手に産道を抜けて誕生することができない。そのために生まれるまではまだ小さな頭でいなければならず、小さな脳のままこの世に誕生するとのこと。そして生まれた後に、人として生きていくために脳が急激に発達していくのだと考えられています。

もちろん、脳は大きくなるだけではありません。脳の重量が重くなる理由として、脳の発達を促す役割を果たす、シナプスの存在があります。シナプスとは脳の神経細胞と神経細胞をつなぐ接合装置のこと。このシナプスが脳細胞と脳細胞をつなぐことによって、脳内の情報伝達を行い、脳の複雑な働きを実現させています。

シナプスは人が誕生するとともに、脳の中で急激に発達し増加していきます。その結果、脳は大きく発達し、重量も増していくのです。また、シナプスの数が増えれば、それだけ脳内の伝達能力が高まりますから、脳の質が高くなり、頭の良さにつながることはいうまでもありません。

特に0歳から3歳までは、脳の重さが3倍にも急成長するのですから、この時期が脳の発達においていかに重要であるかがわかります。さらに6歳になるまで急激にシナプスが増加するため、子どもの脳の発達において、0歳から6歳までの時期がとても重要であるといわれているのです。

しかも特筆すべきはこのシナプスは、刺激することによってより発達が促されるということです。その刺激とは、見たり、聴いたり、触ったりといった五感を刺激してあげることが重要だといわれています。幼児期に五感に関わるより多くの刺激を得ることで、脳の発達はさらに加速化されていくのです。

幼児教育の重要性はまさにそこにあります。人間の成長の段階として、もっとも脳の発達が盛んな時期に、より脳の発達を促す環境を与えることで、脳の質が高まります。脳の質が高まれば、記憶力や集中力、計算力、分析力など、その後の学校で学ぶ勉強で求められる能力を十分に発揮できるようになり、すなわち頭の質の良い子になることができます。

小学校以降、賢い子として伸びていくために、実は幼少期に何をするべきかということが問われていたのです。

脳の臨界期を知る

子どもの脳の発達を考える上で、もう一つ大切なことがあります。それは脳の「臨界期」を知る、ということです。

近年の脳科学の研究によって、人間の脳の発達の過程が徐々に明らかになってきました。幼少期の脳の発達で、見る、聞く、話すなど人としてとても重要な能力には、それぞれもっとも吸収できる適切な時期があることがわかってきたのです。それは脳の『臨界期』と呼ばれています。

たとえば言語の臨界期は0歳から9歳ころまでと一般にいわれています。生まれてきた赤ちゃんは、泣くことはできてもしゃべることはできません。しかし、わざわざ言葉を教えなくても、いつの間にか少しずつ単語が出て、次第に意味のある言葉が話せるようになります。それは暮らしの中で赤ちゃんが、たくさんの言葉のシャワーを浴びることによって、脳が言葉を受け入れていくからです。言葉は、親やまわりの人たちが話している言葉を真似ることから始まります。一般的に普通の環境で育った子どもは、とくに何もしなくてもその国の母国語を理解して話せるようになるのは、この言葉の臨界期にどんどんとまわりの言葉を吸収して、脳の中に入り込んでくるからです。

しかもこうした時期に、より多くの言葉のシャワーを浴びていると、それだけ多くの言葉が脳の中にとどまり、豊かな語彙の世界を得ることにもつながります。最初の子よりも、2番目、3番目の子の方がしゃべりだすのが早いといいますが、これもそうした環境があることがひとつの理由かもしれません。

ちなみに日本人の多くが、中学校、高校、大学と10年近く英語を学んでも、なかなか英語を話せるようにならないのも、脳が言葉を習得できる臨界期から大きくはずれてしまっているからでしょうか。赤ちゃんは自然と言葉を覚えますが、大きくなってから新たな言語を覚えようとすると、並々ならぬ努力が必要になってしまうということです。

また、こんな有名なエピソードもあります。20世紀のはじめに、インドの森でオオカミに育てられた8歳の少女が発見されました。その後、少女は人間の手で育てられましたが、9年間教育を続けても言語の習得は非常に困難だったそうです。このことからも言語の習得には幼少期の一定の時期にきちんとした刺激を得ることの大切さがいわれています。

聴覚にもまた、臨界期があると考えられています。極めて特殊な能力として音を音階として聞き分けられる絶対音感があるのをご存じでしょうか。これまで絶対音感は音楽的才能豊かな親から生まれた子にある遺伝性のものか、あるいは偶然的に身につくものではないかと思われてきました。ところが最近の実験によって、幼少期に音楽的な訓練を行うことで、多くの子どもたちが絶対音感を身につけることができたことが明らかになってきました。もし絶対音感を身につけたいなら、0歳から4歳くらいまでの時期に必要な訓練を受ければ、ふさわしい能力が身につくと考えられています。

その他にも運動や、数学的な思考にもそれぞれ臨界期は存在します。運動能力は絶対音感と同様に0歳から4歳が、数学的能力は1歳から4歳頃であるといわれています。

これらの複数の臨界期は、単独にあるのではなく、関連した機能が連鎖して起こることが知られています。ですので、どれかひとつの能力を伸ばしたいと考えて訓練するのではなく、バランスのよい刺激、環境を与えることで、なにもしないで普通に過ごしていた子どもよりも秀でた能力を身につけることも可能となります。

またこの時期に身についた能力は脳に記憶を留めるため、その後しばらく放置しても、少しの訓練でその能力は再び取り戻すことができるそうです。

これまで一般的に、音楽的な才能や運動能力、あるいは知能なども、遺伝的な要素が強いと思われてきました。しかし現在では、親から受け継いだDNAは肉体的な特徴には現れますが、能力という点ではむしろ、その育ちの環境が大きく影響すると考えられるようになってきました。子どもは同じDNAを持つ親によって育てられますから、遺伝だけではなく、環境として、親の影響を大いに受けて育ちます。

例えば音楽家の家庭に育った子は、小さな頃から音楽にあふれる環境にあったり、幼少期から楽器に触れたりすることで、恵まれた音楽の感性が育まれます。

また運動好きな家族なら、小さな頃から一緒に体を動かす機会が多いなど、臨界期から刺激的な環境で発達が促され、運動能力に長けた子が育つともいえます。

これまでは乳児期の生活環境に委ねられていた部分も、脳の発達と臨界期を知ることで、子育てにおいてどのタイミングで何をするべきかがわかってきました。すなわち、脳の発達がもっとも著しく、そして言語や運動、音感などの臨界期を迎える0歳から6歳までの期間こそ、子どもたちの脳の発達にとってとても重要な時期であり、そこで何をするかが子どもの未来を大きく左右するということです。

右脳と左脳の異なる役割

人間の脳には右脳と左脳があり、それぞれに異なる役割を持っています。左脳は言語や計算、分析など論理的な思考をする脳。それに対して右脳は、感性、創造性、直観的な思考をする脳だといわれています。

しかも脳は、0歳から3歳の時期には右脳が優位に働いており、3歳以降になると左脳が優位になることがわかっています。小さい子どもは本能で行動したり言葉を発したりしますが、大きくなると、次第に物事を理解して行動したり、論理的に話ができるようになります。これは成長するに従って、右脳と左脳の優位性が逆転していくために起こる現象です。

子どもの脳に対するさまざまな働きかけを、なるべく小さい頃からスタートしたほうが良いのは、乳幼児期が脳の急成長する時期にあたることだけでなく、3歳くらいまでは右脳が活性化していることも理由として挙げられます。なぜなら教育を始める時期が早ければ早いほど、右脳の発達によい影響を与えることができるからです。早期教育が右脳教育といわれるのも、この右脳に対する働きかけに力をいれた教育が行われているためです。

それではなぜ右脳教育に力を入れるかというと、右脳にはさまざまな素晴らしい能力が潜んでいるのです。

右脳は無意識脳、イメージ脳ともいわれ、非言語的な心の部分と大きく関わっています。五感から入る刺激を、組織を通さずに直接細胞で感じ取ります。ですから人が認識することなく、脳によってイメージされるという働きを持ちます。

右脳の能力が高まると、一度見たことを瞬時に記憶することができたり、大量の情報を記憶することが可能です。また感性や創造性、ひらめきの脳なので、芸術的なセンスをもたらす脳ともいわれています。

また右脳は人生の大部分をコントロールしている脳ともいわれ、右脳を使う生き方をすると前向きに考えて生きられ、健康な体、若さを保つことができ、また心も落ち着いて過ごせます。

しかし人間の活動の多くが左脳の働きによるもので、右脳の働きはほんのわずかです。そこでまだ右脳の優位性が保たれている時期に、できるだけ右脳を活性化して、その能力を引き出し、維持していこうというのが右脳教育のひとつの考え方になっています。

潜在意識と顕在意識

この右脳と深く関わっているのが「潜在意識」です。

人間には、表面に現れている「顕在意識」とは別に、もうひとつ心の中に隠されている「潜在意識」の、二つの意識があるといわれています。

顕在意識とは私たちが普段、意識することのできる意識のことで、論理的な思考や理性、知性、意思、決断力などがあります。私たちが考え、決意したことは、すべて顕在意識が決めています。それは心の領域でもあり、やって良いこと、悪いことを判断する能力も持っているので、私たちが日常生活を送る上ではとても大切な意識です。

それに対して潜在意識とは、私たちが普段意識することのできない意識です。感情や感覚、直感、記憶、想像力などがあります。映画を見ていて思わず泣けてきたり、怒りに感情が抑えきれずに怒鳴ったり、意識することなく出てくるはこのような潜在意識によるものです。

過去にした経験や受けた印象、考えたこと、あるいは願望や欲望などが蓄積されていて、それが外部からの刺激によって呼び起こされることによって、潜在意識にあるものが表面化するのです。

潜在意識と顕在意識は、氷山を例にしてよく説明されます。海面から顔を出している氷の山の小さな尖端が顕在意識、そして海面の下に隠れている大きな山の塊が潜在意識です。

人間の意識のうち顕在意識は約3〜5％ほどしかなく、残りの約95〜97％は潜在意識だといわれています。ということは人間の意識の大半は潜在意識で、自分でもコントロールできないこの意識に、人間は非常に大きな影響を受けていることになります。しかもこの潜在意識のなかには、多くの潜在能力が隠されています。

顕在意識は左脳によってつかさどられており、潜在意識は右脳下にあるといわれています。そのため右脳を活性化させることによって、この潜在意識をコントロールしたり、潜在能力を引き出すことにも有効であると考えられています。

ただし、人の脳はほとんど白紙の状態ですから、子ども時代に、短所、欠点を直そうとすると、それが潜在意識に入りコンプレックスとして定着します。短所や欠点は成長のなかで自然に解消していきますから、今を見ないで未来に焦点を定めることが必要です。潜在意識には善悪の区別がなく、潜在意識に入っていることは無意識に実現する働きがあるので、いかに良いことを潜在意識に入力するかがとても大切なのです。

将来性のある子に育てたければ、生まれた時からプラス思考で子育てし、褒めて育てることが重要なのです。

✨秘めたる潜在能力のパワー

潜在能力の例として、よく挙げられるのが『火事場の馬鹿力』です。この言葉の意味は、火事のときにあるとは思えないほどの大きな力を出して重い物を持ち出したりすることで、実際にも切迫した状況に置かれると、人は普段では想像できないような力を無意識のうちに発揮することができます。しかもこれは科学的にも立証されています。

人の脳は、普段は自分の身体を守るために、あらかじめ安全装置がかけられていて、無意識的に発揮できるパワーに制限をかけています。しかし、命の危機に遭遇するとか、緊迫した場面に出くわすと、その安全装置が外れて潜在的に持っていた自分のパワーを百パーセント発揮することができるようです。だから普段は持てないような重さの荷物さえ、いざというときには運ぶことができてしまうのです。

この例だけでなく、人には潜在的に素晴らしいさまざまな可能性が秘められていて、それを上手に引き出すことができれば、現状をはるかに超えた素晴らしい能力を羽ばたかせることができます。

では、潜在能力を上手に発揮するにはどうしたらよいでしょう。実はそのカギは右脳にこそあります。

右脳が優位に働く3歳までの時期に、子どもの心のプラスの意識をしっかりと根付かせておくと、潜在意識もプラスに働きます。潜在意識というのは、無意識な心でもあるので、ときとして厄介なことにもなります。たとえばピアノの発表会で舞台に立ったとき、とても緊張して「自分はダメだ」「きっと失敗してしまう」という考えがよぎったら、それも自分に自信が持てない潜在意識が顕在化してきたものです。しかし常にプラスの意識が潜在意識に根付いていると、「自分は大丈夫」「きっとうまくいく」とプラスの意識に持っていくことができ、結果的に緊張がほぐれて自分の力を出すことができるようになります。

潜在能力をうまく発揮するためには、やはり小さい頃からの脳への刺激を与える取り組みがとても有効です。

✨子どもは環境に適応する能力がある

私は寺子屋に、教育のひとつの理想のかたちがあると考えています。

江戸時代の幕末期、日本の識字率は世界一だったといわれています。武士ならほぼすべて、町人らの庶民層では男子で5割、女子でも2割は読み書きができたといいます。さらに江戸の町に限っていえば、子どもたちの就学率も高く、長屋に住む子どもたちも男女を問わず手習いに通っていたといいます。

当時はもちろん学校などはなく、子どもたちが通っていたのは寺子屋です。そこで7、8歳の頃から難しい漢詩を暗唱したり、算術の勉強をしていました。幼い頃から読み、書き、数字を教えるという学習方法が子どもの脳の質を上げたのでしょう。考える力、ものを生み出し、作り出すことができる力、先を見る力などを育み、だからこそ明治維新という時代の大きな変革をも乗り越え、新しい時代を築いていくことができたのではないかと私は考えています。

子どもたちの脳に限界はありません。大人から見たら難しいと感じるものも、子どもはそうは思わないのです。子どもの脳は何でも習得し、それを素質に変える素晴らしいものを持っています。

子どもの脳は、幼ければ幼いほど右脳を優位に働かせていて、感性で物事を見る傾向にありますので、親や大人が、これは無理だ、難しいと固定観念にとらわれていると、せっかく伸びていく能力も伸ばしきれない残念な結果になってしまいます。

たとえば教室では、幼児コースや小学生に暗唱の宿題を与えています。内容は古文や漢詩など、この年齢では理解が難しいので、親御さんから「難し過ぎないか?」とのご質問を受けることがあります。

ところが毎日コツコツと1回ずつでも読むことを習慣づけていると、ある日を境にして、突然スーッと覚えることができるようになります。これは脳に記憶の回路が出来上がり、スムーズに記憶ができる脳が育まれたことを示します。

先回りをして子どもに限界をつくってしまっては、その子の能力を伸ばしきることはできません。やりなさい、頑張りなさいと子どもに無理強いをするのは厳禁ですが、よい環境を与えて、遠くから見守っていれば、たとえちょっと困難な状況でも何気なくその環境で見守っていると、いつの間にかその課題をクリアしてしまう、ということは子どもにはよくあるのです。

親が見せる、聞かせる環境をつくると、見たもの聞いたものはたくさん自然に身につきます。そして自分は記憶力がよい、頭がいい子だと自信になり、潜在意識に定着して、頭の質の良い子が自然と育っていきます。

子どもに限界をつくってしまうのは、多くは親のほう。子どもには環境に適応する高い能力があるので、大人の常識にとらわれず、温かく、粘り強く見守ることが必要です。

脳波がわかれば子どもは伸びる

脳は、一日中休まず働いています。私たちが眠っている間も、心臓や臓器が動いているのは、脳が生命を維持できるように指令を出して動かしているからです。

脳がさまざまな状況に応じて指令を出すとき、電気的な動作が起こり、現代ではそれを脳波として捉えることができるようになりました。脳波は振動波で、振動する周波数によって、ベータ波、アルファ波、シータ波、デルタ波の4種類に分類されています。この脳波の状態は、人の心と身体の状態によって異なることがわかっており、主に次のようなものだと考えられています。

◎ベータ波（13〜30ヘルツ）……日常生活や緊張、ストレスがあるとき
◎アルファ波（8〜13ヘルツ）……リラックスしているとき、意識が集中しているとき
◎シータ波（4〜7ヘルツ）……浅い睡眠やまどろんでいる状態
◎デルタ波（0,5〜3,5ヘルツ）……熟睡して深い眠りについているとき、無意識な状態

このように脳波は私たちの心と身体の状態に的確に反応します。辛いことや嫌なことをしているとき、脳波はベータ波に支配されてしまいます。ところがくつろいだ気分のときや、楽しいなぁと感じているとき、あるいはなにか興味のあることに集中しているときはアルファ波が多く出ています。

能力開発の分野で重視されているのは、リラックスをしながら集中した意識をもたらすアルファ波です。さらにアルファ波を細かく分類すると、次のようになります。

◎アルファ3（11〜13ヘルツ）……ややリラックスしている状態で、集中しているとき
◎ミッドアルファ（9〜11ヘルツ）……リラックス状態。すばらしく集中しているとき
◎アルファ1（7〜9ヘルツ）……うとうととした眠りかけの状態

アルファ波のなかでも特にミッドアルファの状態になると、極めて集中力が高まり、同時に心と身体がリラックスした状態になっていることを指し示しています。

心と身体がリラックスして、さらに集中力が保てる、ミッドアルファは素晴らしい成果へとつなげることができる状態として注目されています。

トップアスリートやピアニストなどの優れた芸術家などが、いざという晴れの舞台で、自分の力を出しきり、見事な成果を挙げられるのはまさしくこの状態にあるからです。一般の人はここぞという大事な場面、大舞台に立つと緊張して、身体を思い通りに動かすことができなかったり、頭の中が真っ白になってうまく力が発揮できないことがあります。しかしもし脳波がミッドアルファの状態であれば、心がリラックスして無駄な力が入らず、しかも集中力が増しているので、よりよい結果へとつなげることができるのです。

もし自在に自分の脳の状態をミッドアルファの脳波の状態にできれば、本当に力を発揮しなければならない大事なときにこそ能力を出せるようになり、成功を手に入れやすくなります。

すでにトップクラスのスポーツ選手たちは、メンタルトレーニングによってミッドアルファ波の状態を自身でコントロールできるようになっている人も多くいます。以前は本番に弱いといわれていた日本選手ですが、ここ数年は世界を舞台にした活躍が目立っています。ロンドンオリンピックでも多くの選手がメダルを獲得できたのは、ひとつにはこうしたメンタルトレーニングの成果でもあるのです。

ミッドアルファ波の状態をつくるには、専門家の指導が必要なのかと思われるかもしれませんが、実はそうであるとも言い切れません。ミッドアルファ波は、人の脳に誰でも訪れる状態です。たとえば朝の起きがけや、少し眠たいなぁと感じられたときなどには、脳はミッドアルファの脳波を出していることが多いのです。そこでちょっとしたコツを覚えることで、脳をその状態に持っていくことは可能です。

それを私たちの教室で実践しているのが、「子どもの瞑想の時間」です。その具体的な方法はchapter 3「子どもの脳と心を育む　実践編」で詳述しています。

ともかくもミッドアルファの脳波の状態は、ストレスに強く、土壇場にも強く、緊張にも強いといった最強の脳波です。

我が子がピアノの発表会で緊張しすぎて、練習ではいつも上手に弾けるのに、間違えてばかりだった。ペーパーテストで簡単な計算ミスをしてしまった。それを頭ごなしに叱るのではなく、緊張しすぎて脳波をコントロールできなかったことが原因だと知るだけでも、きっと子どもを伸ばす子育てに近づくことができるでしょう。

小学生からは右脳学習法

人間の脳は、まず右脳が発達して、その後、3歳を過ぎるころから逆転し、左脳が発達していくことは先にも述べました。おおまかにいえば右脳は直感や創造をつかさどる脳で、左脳は文字や数字など論理的な思考を育みます。

小さな頃は見たこと、感じたことをそのまま口にしていた子どもが、徐々に理論だてて物事が話せるようになるのは、感性の時代から論理の時代へと移行していくためです。

実は脳波の活動領域は、アルファ波やシータ波、デルタ波は右脳で、ベータ波は左脳であることがわかっています。小学生になって義務教育が始まると、文字を書いたり、読んだり、計算をしたりといった、主に左脳を使った勉強が中心になります。左脳ばかりを使う勉強をしていると、ベータ波が活性化して、緊張やストレスの原因にもなります。

幼稚園や保育園までは楽しくお絵描きをしたり歌を歌ったり、追いかけっこをして遊んだりと楽しいことばかりだったのに、詰め込み式の勉強で、子どもたちの脳は疲れやすくなってしまうのです。そこで小学生からは、積極的に右脳学習法を取り入れるとよいと私たちは考えています。

右脳学習法とは、心身をリラックスさせ、マインド・コントロールすることでアルファ波とシータ波に導く訓練法です。右脳を活性化させるためのものでもあり、呼吸法や瞑想、イメージトレーニング、あるいは自分でリラックス状態を上手につくりだすトレーニングなどです。

今の小学生は、勉強だけでなく、友だちとの関わりなどの人間関係でもストレスを抱えることも少なくありません。そこで脳からストレスを取り払い、リラックスした状態にしてあげるだけでも子どもたちは変わります。しかもこの脳波のときに学習すると、集中力が高まって、楽に暗記ができたり、応用問題を簡単に解けたり、柔軟な頭脳になります。

脳は刺激を与えると活性化しますが、使わないとその機能は失われていきます。でも小学生からでも右脳に働きかけをすることでその能力を取り戻すことが少なからずできることは、小学生から教室に通いだした子どもたちの変化をみても十分にあると考えられます。

右脳、左脳の分類はあっても、脳は互いに関わり合いを持ちながら働いていますから、右脳と左脳のそれぞれに刺激を与えることで相乗効果を生み、トータルとしての脳の質を高める効果があるとも思われます。

chapter

3

子どもの脳と心を育む
実践編

♥脳の発達にもっとも大切な乳児期【0~3歳】

0歳から3歳の時期の子育てで大切なことは、まずお母さんが愛情をもって育てること。お母さんがたっぷり愛情を注げば、子どもに「この世に生まれてよかった」という安心感が根付き、その後の人生を前向きに生きていく力につながります。人間形成にとっても、とても大切な時期であることを心に念じてほしいと思います。

さらに0歳から3歳は脳が急速に発達していく時期ですから、そのタイミングに合わせて脳を刺激してあげることで、より発達が促されます。

ひとつ注意してほしいのは、「赤ちゃんだから、何もわからないだろう」と考えてしまうことです。この時期の赤ちゃんは、まだ自分の思いを上手にアウトプットすることができません。だからといって何もわかっていない、と考えてしまうのは間違いです。思いは上手に表現できませんが、心や脳にその情報はしっかりと届いているのです。表現できないけれど、わからないわけではない。だから一つひとつの言葉かけや態度も、愛情をこめて伝えるようにしてほしいものです。

人間の脳は刺激しないと発達はしないのです。刺激があれば、いくらでも成長します。子どもには誰にでも無限の可能性がありますから、親が少しでも努力して、楽しい環境をつくってあげることはとても大切です。子どもの脳の質の善しあしは、親の努力次第。よい環境をつくるかつくらないかで決まるのです。

3歳まではいろいろなことをたくさん吸収する、インプットの時期です。この時期にたくさんの言葉かけをし、一緒に遊んだり、触れ合ったりすることにより、子どもの知性と社会性、そして何よりも親子の絆が強まり、豊かな心と能力が育まれます。

できるだけ多くの言葉とふれあう

赤ちゃんに声かけしても、まだ「ハイ」とは返事はしませんね。でもお母さんの顔が優しく話しかけると、ニコニコと嬉しそうな表情をします。まだ小さな赤ちゃんでも、言葉は十分に脳に伝わっているのです。chapter 2で脳の臨界期のお話をしましたが、言語に関する臨界期は0歳から始まります。まっさらな頭に言葉のたくさんの情報が与えられることによって、子どもは徐々に言葉というものを理解し、次第にそれを発しておしゃべりができるようになります。

まだ何を言ってもわからないからと、子どもに黙って接するのではなく、むしろ多くの言葉を受け入れることができる時期であると理解して、できるだけ多く語りかけ、言葉とふれあう環境にしてあげることがとても大事です。家でお子さんとたった二人で子育てをしていると、ずっと黙ったまま過ごしていたり、何を話しかけたらいいかがわからない、というお母さんもいるかもしれません。

そこでぜひおすすめしたい方法があります。お母さん自身がする行動や、感じたことを一つひとつ声に出して言ってみることです。

「さあ、お洗濯物を干すよ」

「今日は天気がいいね。お日さまがキラキラしているよ」

「パパ、今日は早く帰ってくるかな」

「お腹がすいたね。ミルクの用意をするから待っててね」

日常生活の中での行動や、我が子に対しての言葉かけ、そうした言葉の一つひとつが赤ちゃんの脳に届き、徐々に蓄積されていきます。また絵本をたくさん読んであげるのも、大切な言葉とふれあう機会となります。

ただし、テレビやビデオは一方的に音が出ているだけで、双方向に心を通わせることができないのでおすすめできません。画面に語りかけても何の反応もないので、受け身であることに馴染んでしまうこともあるので要注意です。

教室では、0歳児から表裏に絵と文字を描いたカードを見ながら、言葉に出して言います。りんごの絵を見せて、カードを裏返し、「りんご」という字を見せ、「りんご」と声に出して言い、目と耳でモノと言葉を関連づけていきます。このようなカードをたくさん見せてあげます。

これは「りんご」とは何かと記憶させたり、字を覚えさせるための訓練ではありません。こうした刺激を与えていくなかで、少しずつ形や文字、言葉が視覚や音声として自然と脳の中に入っていく、この時代はそれだけで十分なのです。

たくさんの言葉や文字のシャワーを浴びた赤ちゃんは、それだけたくさんの言葉がインプットされるので、将来的には語彙力がとても豊富な子どもに育ちます。語彙がたくさんあれば、自分の思いを上手に表現できることにつながり、人に気持ちを伝えたり、人の気持ちを理解することがうまくできるようになります。言葉は人間同士の最も大事なコミュニケーションツール。よい人間関係を築く上でもとても有効なトレーニングです。

子どもは漢字が好きである

小学校に入ってから、国語の教科書に出てくる漢字を一つずつ覚えていくことに苦痛を感じ、漢字嫌いになってしまう子どもも多くいます。「この漢字を覚えなさい」と強いられても、イヤイヤ覚えていてはなかなか頭に入りません。漢字は難しい、覚えるのは大変だと、大人になってからも思っている人も少なくないのではないでしょうか。

まだ言葉もしゃべれない、ひらがなも読めない子どもに、漢字を教えるなんて無理に違いない。そう思われる人も多いでしょう。でも実は、小さな赤ちゃんは、漢字が大好きなのです。それは大人のように、漢字を意味を表す記号としてとらえるのではなく、形として覚えるからです。ひらがなよりちょっと複雑で、面白い形をしている。小さな子どもの目には漢字はそのように映ります。

この漢字はなんて読むの？　などと教えるのではなく、漢字をそのまま自然な形で目に留まる環境をつくってみましょう。たとえばお家の窓に「窓」という漢字を書いた紙を貼っておく。部屋のドアに「扉」と書いて貼っておく。面白い形だなぁと子どもが興味を持てば、あるいは持たなくてもたまにちらっと目に留まる、それだけで十分です。

この時期はインプットの時期で、子どもの脳はたくさんのことが吸収できるので、こんな形がある、ということだけを脳に記憶させておけばいいのです。将来、子どもが漢字を覚える時期に差し掛かったとき、「この漢字、知っている」と思い、それが「まど」と読むことがなんとなくひらめけば、それでもうその漢字の習得になります。

漢字のお勉強ではなく、漢字に触れさせる体験もぜひこの時期からおすすめします。

五感を刺激して脳を活性化

脳はさまざまな刺激によって、活発に働くようになることがわかっています。刺激によって脳の細胞と細胞をつなぐシナプスがよりたくさん成長してつながっていくのです。

そこで脳を刺激する有効な方法が、「五感を刺激する」ことです。五感とは視覚、聴覚、嗅覚、味覚、触覚です。

視覚のトレーニングとしては、絵本やカードなどを通してたくさんの色や形を見せてあげましょう。色を感じる色彩感覚もまた、乳幼児期に臨界期があるとされ、たくさんの色を見ることで、脳が刺激され、色の認識の幅が広がるとされています。世の中で最も豊かな色を表現しているのが自然です。花の色も、葉っぱの色も、地面の土の色も、クレヨンや絵の具にはない、複雑な色彩をもっています。公園など自然のたくさんある場所に足を運んで、色を豊かに感じてみるのもよいでしょう。

聴覚も同様に、たくさんの音楽を聴く、色々な人達の会話や言葉を聴くなどの刺激ある環境が大切です。聴覚もまた乳幼児に臨界期がありますので、いい音楽や楽しい歌などをたくさん聞かせてあげると聴覚に刺激を与え、音感も育まれます。また子どもはお母さんの声も大好きですから、子守唄や遊び歌などを歌ってあげるのもいいでしょう。

嗅覚、味覚も同様に、心地よい香り、美味しい味などのさまざまな経験をさせてあげましょう。母乳やミルクから離乳食、そして普通食へと移行していく時期です。市販の離乳食はどうしても味が似通ってしまいます。やはり嗅覚、味覚を刺激するお母さんの愛情のこもった手料理が何よりです。

触感も、柔らかいもの、硬いもの、冷たいもの、温かいもの、ゴワゴワしたもの、ちょっとツンツンして痛いものなど、触れることで知ることができる感覚がたくさんあります。気持ちいい、痛い、冷たいなど、いろいろなことを脳で感じることが一つひとつの刺激となり、また記憶の蓄積にもなります。

今のお母さんは、子どもを大事にしすぎて、汚かったり危なかったりする経験から遠ざけようとしがちです。でもどろんこを手でこねたり、花や虫に触ってみたりといった経験もたくさんさせてあげてほしいものです。新しい経験が多くあるほど、脳はピピピッと新たな刺激に反応し、刺激を受けます。

さまざまな経験が、五感を刺激する環境になりますから、たくさん遊びを取り入れてあげてください。

環境からの刺激をたっぷりと与える

子どもは妊娠中と歩き始めるときの2回、人類誕生の歴史を繰り返し、「人」になると言われています。この2回の期間には魚類、両生類、爬虫類、哺乳類の4つの過程を通るのだそうです。

この世に誕生してから歩くまでに2度目の過程を経るようですが、この時期は五感を通じていろいろなもの、さまざまなものを吸収し、自分のものにする時期ですから、親の関わり方がとても大切になります。

子どもは環境に適応する能力を備えてこの世に誕生しますので、刺激の多少が将来に向けての大きな差となっていきます。静かな子だからとか、手がかからないからなど、子どもの様子だけで決めず、将来のためにと思い、刺激を与えてほしいものです。

子どもは小さい時ほど、よく見える目で周りをしっかりと観察し、よく聞こえる耳で情報を残らず収集し、なんでも口に入れて味覚を確認するなど、動物的本能も全開で、好奇心にあふれています。

昔は祖父母などと一緒の大家族のなかで、いろいろな人の声を聴き、音も耳にし、話しかけられ、多くの人に抱っこされたりするなど、たくさんの人から刺激をもらって育ちました。

ところが時代が変わり、核家族のなかで育つことの多い今の子どもたちは、昔ほどの多くの刺激はもらえません。静かな環境で育てることもあるでしょうが、それはとてももったいないことなのです。

おむつを替えるときにもいろいろと話してあげる、皮膚の刺激も愛情込めてなぜてあげる、タッチの仕方も少し強弱をつけてあげるなどしてみましょう。

赤ちゃんという字の成り立ちからしても、真っ赤な太陽のようにエネルギーがあふれてこの世に誕生しています。世の中の情報をいち早く知りたいと思っているのは赤ちゃん自身ではないでしょうか。

家庭でできることはたくさんありますので、いろいろなもの、心地よい刺激を与えて、脳の成長を促してもらいたいと思います。

教室では松谷みよこさんの童話シリーズが教材としてあります。CD付きで、絵本と童謡が一緒になってとても楽しいもので、0歳から3歳の子どもやママには大うけです。

子どもの豊かな土壌を形成する大切な時期ですので、親が少しの努力を続け、しっかりとした素地づくりをすれば、その結果として想像力豊かな、感性あふれる生きる力を持ったエネルギーに満ちた子どもになるのです。

親子でスキンシップ

子どもは親の愛情を感じることで、心が安定し、さまざまなことに積極的に取り組める子どもに育ちます。3歳までは、その安心感をしっかりと築いてあげるとても大切な時期なのです。

また、この年頃は右脳の働きが活発な時期なので、潜在意識が育まれます。『三つ子の魂百まで』のことわざどおり、この時期に親の愛情をしっかりと注ぐことによって、親子の絆がしっかりと結ばれます。

「お母さんは○○ちゃんが大好きだよ」と言葉かけをしてあげるだけでなく、手をつなぐ、ギュッと抱きしめてあげるなど、肌と肌との触れ合いは、子どもの心に安心感をもたらします。

日々の暮らしのなかでも、親子で楽しめることはたくさんあります。一緒にお散歩に出かけたら、目にしたことや感じたことを言葉にして伝え、お話をしましょう。お風呂に入ったら一緒に歌を歌ったり、夜寝る前に絵本の読み聞かせをしたり。手先遊びなども子どもにやらせるのではなく、親子で一緒に楽しむ気持ちが大切です。こうしたスキンシップが何よりの子どもの心の安定につながります。

2歳を過ぎると第一反抗期にもなり、なんでもイヤイヤと意思表示をはじめる頃でもあります。子どもの成長の証拠でもあるのですが、そこで親子の葛藤が始まることもあります。

まだまだ善悪の判断ができない時期ですので、むやみに「駄目」「いけない」と言ってしまうと、今後の親子関係も難しくなります。そんなときは『私メッセージ』が有効です。

「ママは◯◯◯と思うけれど……」とお母さんの感情を訴えると、子どもも寄り添うようになるのでおすすめです。

【家庭でできる知育トレーニング】0歳〜3歳

たっぷりの愛情とスキンシップ、言葉かけが大切な時期

●お散歩〈歩くことで体力が育つ〉

・目にしたことや感じたことを言葉にして伝え、話をする（天気、季節、音、空の様子、働く人々や道、街の様子など）。

・植物や動物に触れる。

・階段を上り下りするときに数を数える。落ち葉や木の実を拾い、色彩やいくつ拾えたか数える。

・買い物をしながら、品物の名前、色、形、味の話などをする。

●手先遊び〈集中力や創造力、思考力などの力が育つ〉

・なぐり書き、線描き、ぬりえ、紙をちぎる、紙を丸める、棒通し、ひも通し、粘土遊び、はさみ、おりがみ、砂遊び　ボタン留め、面ファスナー留め、など。

●お風呂で

・数をかぞえてみる、体の各部を言う、大きさくらべ、など。

【絵本の読み聞かせ】

子どもたちは年齢に応じて、さまざまな形で絵本や本とふれあいますが、特に乳幼児では、お母さんの優しい声での絵本の読み聞かせが子どもは大好き。読み聞かせは、本を声にだして読んでもらうことであり、読み手と聞き手の間にコミュニケーションが生じます。お母さんが私のために本を読んでくれていると感じられるだけでも嬉しいものなのです。また絵本の世界とふれあうことで、情緒や言葉の発達、イメージをふくらませる力などを伸ばす原動力になります。

読む力を発達させていくためにも、まず聴く力を伸ばしていくことが必要です。まだ字の読めないこの時期だからこそ、読み聞かせを通して子どもたちの言葉の世界をゆたかに広げてあげましょう。

こんな本がおすすめ

・胎教では、赤ちゃんに読み聞かせるように、優しく語りかけましょう。絵本を通して心と心を通い合わせることができる、人の絆を育む本を選ぶとよいでしょう。
・0、1歳児には、絵がはっきりしていて、食べ物や乗り物など、好奇心をくすぐるような短編の絵本がおすすめです。

・2歳児からは、生活習慣と絵本の内容がリンクしたもの。毎日の経験やルーツが学べて繰り返し楽しめる絵本がおすすめです。
・3歳児くらいになると、お話を聞きながらイメージができるようになるので、面白い、楽しいなど共通性があり、興味のある内容の絵本がおすすめです。

〈保護者からのメッセージ〉
胎教から愛情たっぷりに子育て

Rちゃん　1歳8カ月のお母さま

赤ちゃんは、おなかの中にいる時からすでに聴覚が発達していて、外の音がちゃんと聞き分けられるといいます。ですから念願の我が子がお腹の中に宿ったと知り、私はこの幸せな気持ちをおなかの赤ちゃんにも伝えたい、一緒に幸せを共有したいと思いました。

それで赤ちゃんがおなかにいることがわかってからは、いつも「パパとママはあなたが大好きだよ」「うれしいな」「元気に生まれてきてね」などと赤ちゃんに語りかけました。それだけでなく「今日はお天気が良くて気持ちいいよ」「お花がきれいに咲いているよ」など、日常の中で感じたこともなるべく声に出して、赤ちゃんに聞こえるようにしてたくさんたくさん声かけをしていました。私だけでなく、「パパもいるよ、待ってるよ」と伝えたくて、仕事でなかなか赤ちゃんに語りかけられない夫の声は録音し、できるだけ聞かせるようにもしました。

絵本の読み聞かせも毎日、子どもに聞かせたい内容のものを選び、気持ちを込めて読み聞かせていました。

以前からこの教室のことを知っていたこともあり、子どもは3歳までが子育てにおいてとても大切な時期であると理解していたので、子どもが生まれると待ち遠しくて、5カ月から教室に通わせていただきました（本来は6カ月からの入室ですが、特別に入れていただきました）。

現在、娘は1歳8カ月になります。一人目の子どもですので比較はできませんが、とても育てやすく、またいくつも驚かされることがあります。

穏やかな性格だなぁと感じることが多く、癇癪を起こして泣くこともなく、ちょっと泣いても抱っこしてあやすとすぐに泣きやみます。パパも大好きで、抱っこされるとニコニコ。これはおなかの中にいた時から、パパの声をよく聞かせてあげたから、安心しているのだとちょっと夫に自慢しています。

1歳を過ぎてからは徐々に大人が話す言葉が理解できるようになっているようです。私が用事で出かけるために母に娘を預けるときも、最初は不安そうに泣きますが、「ちょっとお出かけするけど、すぐに戻ってくるよ」と言うと、ピタリと泣きやみます。私も驚くほど聞き分けのいい子です。

また、まだ1歳2カ月のとき、夫の靴下が片方見つからなくて「どこへいったんだろう」と夫と話していたら、ぴょこぴょこ歩いてその片割れの靴下を娘が持ってきたときはとても驚きました。

本を読んだり、歌を歌ったりすることも大好きで、大好きな絵本のセリフをすぐに口真似して覚えます。

この時期の子育ては、親も穏やかな気持ちで愛情をたっぷり注ぎながら、たくさんの経験や読み聞かせ、言葉かけをして、いろいろなことを吸収させたい。そんな思いを込めて、子育てを楽しんでいます。これからこの子はどんなふうに育つのか、いつも笑顔で、たくさんのことに興味を持ちながら、豊かな心と脳を育んでほしいと願っています。

白秋の詩を口ずさむ娘に驚きました

Rちゃん　2歳7カ月のお母さま

娘がこの間、教室の宿題を口ずさんで言っているのを聞いて驚いてしまいました。それも自分の宿題の詩ではなく、兄の宿題の詩、北原白秋の『お月夜』を暗記してしまったようで、最初から最後まで言っていました。

半年ほど前は、レッスン中じっとしていられなくて、カードもろくに見ず、大丈夫なのだろうかと心配しました。でも先生は見守ってくださり、「ちゃんと聞いているから大丈夫よ」と言ってくださいました。

やっと最近、椅子に座ってレッスンを受けることができるようになりました。教室でのレッスンも、家での宿題の詩集も、聞いていないようで、実はちゃんと頭の中に入っているのですね。『お月夜』を言えたことをきっかけに、詩集を読むことが好きになり、毎日の宿題では、私が言うと後について言ってきます。

これからも娘の力を信じて、見守っていきたいと思います。

♥知恵がぐんぐん伸びる幼児期【4〜6歳】

3歳まではさまざまなことを吸収していくインプットの時期でした。その能力はまだ目に見えていませんでしたが、これまでじっくりと脳の中に蓄積されていた経験や知識は4歳から6歳くらいになると、ついにアウトプットされはじめていく時期を迎えます。たとえば、急におしゃべりをはじめるのも3歳前後からではないでしょうか。

おしゃべりが上手な子、上手でない子。4歳くらいになると、その違いが目に見えてわかるようになります。おしゃべりの上手な子というのは、それ以前にたくさんの言葉が頭の中に蓄積してあり、それをアウトプットしているということです。頭の中にたくさんの言葉が詰まっているので、気持ちや考えたことを上手に言葉にして表現できます。その結果、まわりとのコミュニケーションも上手に取れるようになるので、思いが伝わらないイライラが減少し、気持ちも安定していきます。

また語彙力が豊富なことによって言語能力が高まることで、思考力や想像力、創造力も育まれていくため、基本的な頭の質を高めていくことにもつながっていきます。

4歳児以降、アウトプットの時代を迎えてくると、こうした違いが少しずつ明らかになっていくともいえます。

さらに3歳までの体験をもとにして、まわりが知識と興味の幅を広げ環境を整えてあげることによって、より豊かにさまざまな可能性が伸びていきます。与えられた情報と知識を使って、徐々に自分なりに物事を考えたり、表現したりすることも上手になっていきます。知恵がどんどんついてくる時期ですので、将来に向けて、粘り強く最後まで考える力をしっかりと養うために、人の話を聴く姿勢、理解する能力、読解力、イメージ能力などを上手に伸ばしていくことも大切です。

言葉かけの大切さ

せっかく頭の中にたくさんの言葉が詰まっていて、子どもがそれを一生懸命アウトプットしだしても、それを受け止めてあげる人がいなければ、言葉は失われていきます。子どもがおしゃべりを始めたら、さあ、これからはアウトプットの時期だと心得て、きちんと耳を傾けて、応えてあげましょう。

日常から親子の会話を楽しむ姿勢をもっていただきたいと思います。それは決して特別なことではありません。子どもと一緒にいる時間、きちんと子どもに向き合って、たくさんおしゃべりをしてあげるということです。

また、この年頃になると子どもの頭の中では、考える力も伸びていく時期を迎えます。親子の会話は、この考える力を伸ばしていくうえでもとても大切です。子どもが一生懸命に語りかけてきたら、「そうだね」とか「わかったよ」と言うだけでなく、お母さんの方からいろいろと語りかけてください。

「このお花きれいだね」と子どもが言ったら、「この花は何色かな?」「どんな形をしているかな?」「どんな香りかな?」などと質問をしてみると、子どもが考えるきっかけづくりになります。

まだ小さな子どもたちにとって、世界は見るのも、聴くのも、触るのも、はじめてのものばかり。新しいモノであふれています。いろいろなことに興味をもって、なんだろう、不思議だな、そうした思いを受け止めて、一緒に楽しんであげることによって、考える力が育まれるのです。

記憶する力を伸ばす

考えることは、過去の記憶をもとにして行われます。記憶がなければ考えることはできません。ですから考えることと記憶することは、両方が同じように大切です。そしてたくさんの記憶を持つ子は、考える力も育まれていきます。

記憶力はトレーニングによって伸ばすことができます。しかし子どもに無理に何かを覚えさせようとしても、うまくはいきません。イヤイヤ覚えたことは、すぐに忘れてしまうことが多いからです。反対に興味のあるものに対しては、子どもは驚くほど素晴らしい能力を発揮します。まだ幼くても、電車が大好きな子なら写真を見ただけでパッと◯◯線の電車と答える子や、大好きな車の名前を１００個以上も覚えている子もいます。興味があるから、自然と覚えてしまっているのです。

記憶力を伸ばしていくために、まずは大好きなものからアプローチしてみましょう。お気に入りの絵本があれば、それを暗唱するのもおすすめです。

大好きなキャラクターの絵が描いてあるカードを使って、「いくつ覚えたかな？」

とカード遊びを一緒に楽しんでもよいでしょう。

脳が緊張していると、思ったことが頭に入りにくく記憶力がにぶります。覚えるときのコツは心をリラックスさせることです。また、覚えたことを褒めてあげることも、子どもは嬉しいな、と感じてもっと覚えたいと意欲を高めます。

教室では、詩や百人一首などの暗唱にも挑戦しています。ちょっと難しいのでは？と思われかもしれませんが、子どもの努力で覚えさせるのではなく、たくさん見せる、聞かせるという、情報にふれる行為によって、子どもは自然に覚えていきます。楽しく挑戦させ、また、できたらたくさん褒めてあげると、子どもたちは積極的にチャレンジして、驚くほどの記憶力を発揮します。

目で字を追うだけの黙読に対して、音読は目、耳、口といった複数の感覚器官を使うため、より多くの刺激を脳に与えることができます。そして繰り返しの音読によって記憶力を高めることができるのでおすすめです。

数の概念を身につける

数は私たちの暮らしのなかで欠かすことのできないものです。お金のやり取りをしたり、物の長さを測ったり、いろいろな場面で数字を扱うことは多いもの。また数字に強いと理数系の勉強が得意になり、将来、技術職や専門職に就くなどスペシャリストとして活躍できる道も拓けます。

幼児期になると子どもたちも数字に興味をもちはじめます。この時期から数との関わりを深めることで、数字への興味がぐんぐんと湧いてきます。

この年頃の子どもが数に対する興味をふくらませていくために注意してほしいのは、算数のような「数で計算する」能力を求めない、ということです。教育熱心なお母さんのなかには、「まだ幼稚園なのに二桁の足し算ができます」などとおっしゃる方もいますが、計算能力というのは後からでも十分についていくもの。この頃に大切なのは、数そのものへのイメージをふくらませてあげること。そのためのアプローチが必要です。

「みんなで2個ずつ分けようね」

「みかんとりんご、どっちが多いかな？」

「5人で分けたら、何個足りないかな？」

「全部でいくつ？　残りはいくつ？」

「目と耳は2つずつ、鼻と口は1個だね」


会話の中に数を取り入れたり、目の前にある果物やお菓子で、足したり分けたりを体験し、生活や遊びのなかで経験を積み重ねて理解をさせていってあげましょう。日常の中にある算数要素にふれることで数の楽しさを知り、興味を深め、数への概念が育まれていきます。こうした理解がベースにあることで、学校が始まり算数を学ぶようになると、計算問題への理解だけでなく、文章問題も得意になっていくことでしょう。

イメージトレーニングで心を育む

もともと子どもたちは空想の世界で遊ぶのが大好きです。おままごとやヒーローごっこなど、自分がその世界の主人公になったつもりで、空想の羽を広げて、心をワクワクさせながら遊びます。こうした遊びは、頭の中で何かをイメージするからこそできる遊びです。

教室では子どもたちと一緒にごっこ遊びをしています。

「うさぎになってみよう！」と声をかけると、みんなピョンピョンと飛び跳ねます。「チョウチョになろう！」というと、手をパタパタして、空を飛んでいる気分に……。子どもたちは空想の世界に心を飛ばして、違った自分になったような気持ちで、イメージはそれぞれに広がっていきます。

心の中にイメージがつくり出せる、ということはとても素晴らしいことです。豊かなイメージ力は豊かな感性を育て、豊かな表現力に結びついていきます。また、イメージには心を動かす力があります。

将来、さまざまな出来事に出合ったとき、心の中によいイメージを浮かび上がらせることができると、それがプラスに働き、良い結果を導き出せる可能性を高めることができます。それは生きる上でとても大切な力です。

空想の羽を広げる子どもを、たくさん褒めてあげましょう。

暗示でポジティブな思考を育む

教室では「暗示」という時間があります。レッスンの中ほどで、子どもたちがリラックスしているタイミングを見計らい、みんなに目を閉じてもらいます。そして先生が語りかけます。

「お母さんは、みんなのことが大好きだよ」

「みんなはとってもよくできるよ」

「大丈夫だよ、覚えられるよ」

このような心が前向きになる言葉を選んで優しく語りかけると、子どもたちの心にスーッと入っていくことができます。

暗示はリラックスしている脳の潜在意識の中に、ポジティブな思考を落としこむことがねらいです。レッスンの度にこうした暗示を行っていると、子どもたちは自然と前向きな気持ちになっていきます。

ご家庭でも、子どもが寝る前などにできるだけポジティブな言葉かけをしていただくようにお願いしています。その際には「～してね」「～しなさい」というような依頼や命令の言葉で語らず、「～できるよ」といった肯定の言葉でいうのがポイントです。

暗示による成果で、教室の子どもたちはみんな、大丈夫、できると自然と思えるようになってくるので、何事にも積極的に取り組むようになり、また失敗してもまたチャレンジしようという気持ちが芽生えるようになります。

暗示はイメージトレーニングと同様に、心に良いイメージ、ポジティブな思考を定着させることができるので、その後の成長においてもとても有効です。

【家庭でできる知育トレーニング】 4歳～6歳

子どもの知識と興味の幅を広げてあげる時期

●遊び

・カルタ取り＝文字、字が読めるようになったら読み手もやると良い。
・トランプ（神経衰弱）＝記憶、推理力、図形認識が育つ。
・パズル（ピクチャーパズル、立体パズル、タングラム）＝図形、思考力が育つ。

・折り紙、工作＝平面から立体を作ることによって。図形の理解ができる。どのように作ればいいか、考える力も育つ。また、手先きの感覚も育つ。

●お料理

体験する中で、知識を増やしていけることがたくさんある。材料の名前、道具の使い方、重さなどを知ることができる。切る、混ぜる、焼く、炒めるなどの体験をする。物事の順序を学ぶきっかけになる。

●お風呂で

スキンシップは大切。リラックスしていろいろな会話を楽しみ、水位上昇により体積の基礎概念も育つ。

【絵本の読み聞かせ】

幼児期の絵本の読み聞かせは、想像力、語彙力、表現力、集中力、思考力、注意力、文章理解力、愛情、おもいやり、好奇心など、さまざまな能力を自然に育てていくことができますから、いいことずくめです。

そのなかでも一番は心を育てること。絵本を通して「感じる」さまざまな心が、とても大切です。絵や文章から感じる喜怒哀楽などインパクトのある感動や驚きが、心を育てることにつながります。そして絵本は、語彙力取得にも欠かせないものでもあります。目で見たものと耳で聞いたものが頭のなかで一致し、内面化して自分のものとして習得できます。語彙力が多いと考える助けにもなりますので、言葉の概念をたくさん入れられるといいですね。

こんな本がおすすめ

・4歳くらいになると、少し長めのお話も楽しむことができます。動物や乗り物、食べ物など、好きなものが登場したり、季節に関するもの、昔話などもよいでしょう。

・5歳頃からは、文章が多めで絵が少ないものでも、楽しみながらイメージして聞くことができます。図鑑など、お話だけでなく興味の幅が広がります。

・6歳頃からは、自分で読めるようになっていきます。シリーズ物や物語など、様子を見ながら児童書へと少しレベルの高いものに移行していくのも良いでしょう。

〈保護者からのメッセージ〉

興味あるものをどんどん覚える姿に驚いています

松本市　Kちゃん（4歳）のお母さま

いつも楽しくレッスンに通っています。教室に通い始めて3年半になりますが、小さい頃からとにかく国旗が大好きで、先生がカードを見せてくれるときに国旗が出てくると、とても喜びます。そして自分が覚えた国旗だと、大きな声で国名を答えています。レッスンで行った国旗は、必ず家にある世界地図で場所を聞いてくるようになり、最近は国の場所も少しずつ覚えられるようになってきました。

また、都道府県のカードを先生が見せてくれるようになると、日本地図にも興味を持ちはじめ、日本の県名と形を言えるようになりました。

レッスンを通していろいろなことに興味を持つことができます。本人が楽しくレッスンに通い、さまざまなことを吸収しているのが目に見えてよくわかり、母親としても嬉しい限りです。

知能検査で素晴らしい結果が出ました

松本市　Uちゃん　5歳児のお母さま

先日、園長先生から「個人的にお話ししたい」とお声をかけられ、個人的に面談をさせていただきました。知能検査の結果、我が娘が150近い評定があったことにたいへん驚かれ、それに対しての質問もあったようです。

園長先生がおっしゃるには、「このような子は3、4年に一人しか出ない。しかも穏やかだし、聞き分けもいいし、こんなに将来に期待できる子は、私が見た中で初めてです。これから先何をやらせても、素晴らしい結果をだすでしょう」と大変なお褒めの言葉をいただき、本当にうれしくなりました。これも先生方の教室での熱意あるレッスンの賜物と思い、感謝の気持ちでいっぱいです。

♥学ぶことの楽しさがわかりはじめる学童期【7歳〜】

7歳以降のステージでは、幼児期に培った経験と能力をもとに、さらに頭の質を高めていくことを目標とします。子どもたちは小学校生活がスタートしますが、国語、算数などといった科目ごとに学ぶ学校の勉強ではなく、もっとトータルなすべての学力のベースとなる、記憶力やイメージ力、創造力、読解力など、学校とは異なる観点からの大切な能力の向上を目指します。

また、子どもたちは成長すると自分の世界が広がり、社会との関わりが増えていくことから、人間力の向上も課題です。いい人間関係が築けられるように、また辛いことがあっても挫けないように自分を保てるように、自己コントロールが上手にでき、生きる力を高めることを目標とします。

「速聴」で脳を活性化する

「速聴」とは文字どおり、速く聴く、ということです。教室では、童話や物語を吹き込んだテープの音声を、本の文字を目で追いながら、高速で聴くトレーニングをしています。

人間の脳には、一点を集中的に刺激することで、脳全体が活性化していくツボがあるといわれています。それが言語の理解をつかさどっているウェルニッケ中枢という部分で、目や耳から入ってきた言語情報は必ずこの部分をとおります。

私たちは普段、人の言葉を聴き取れる速度で聴き取り、言語理解をしています。しかし速聴では2倍からスタートし、慣れたら4倍にまで速度を速めて音声を聞きます。ほとんどの人は、初めはまったく聴き取ることができず、何を言っているかさっぱりわかりません。ところが何度も経験しているうちに、言葉が聴き取れるように脳が反応をはじめます。それはウェルニッケ中枢がそれまで処理したこともない高速音声に慣れてきて、だんだんそのスピードと同じ速さで処理できる脳に順応していくからです。

この訓練を続けていると、個人差はありますが、子どもたちは数カ月で2倍速、3倍速での音声が聴き取れるようになり、さらに訓練を重ねることで誰でも4倍速の音声までを聴き取ることができるようになります。

速聴は、脳を刺激させて活性化させるだけでなく、その他にもさまざまな効果をもたらします。速い音声を聴き取る能力が高まると、人の話す言葉がゆっくりと感じられるようになります。すると学校の授業でも、先生の言っている言葉がしっかりと頭に入り、授業を聴きながら考えをまとめ、また話の意図も汲み取れるので、理解力が高まります。これは学校の成績に直結します。

友だちの言うこともよく理解できるので、人の意見をしっかりと聴き、人間関係が良好になります。

また、速いスピードの音声を集中して聴くことで、脳は活性化し、記憶力や理解力も向上していきます。

それ以外にも、速聴をしながら本を読むので、本を速く読む、速読の能力も合わせて備わってくるので、本を読むスピードが速くなり、いろいろな本を読みたくなるようです。生徒たちはみんな読書が大好きですが、これは速読によってさまざまな本と出合い、本の魅力を知ることができたからだと考えています。

「記憶力」を高めるトレーニング

記憶には2種類あります。書いたり、音読したり、何度も復習して覚える左脳記憶と、イメージや語呂合わせで覚える右脳記憶です。

右脳記憶は一度見たことを瞬時に覚えて再現できる、短時間に大量に記憶することができるなどの特徴があり、幼児期の訓練によりその能力を引き出すことができます。

それに対して、普段大人が使っている記憶のほとんどが左脳記憶です。言語性記憶といって、文字を文字のまま理解するので、大量に記憶することが困難で、すぐに忘れやすいといった傾向にあります。

それぞれに利点がありますが、ベストな記憶法は、左脳記憶と右脳記憶の融合です。左脳記憶で一生懸命復習しても忘れてしまいますし、右脳記憶のイメージや語呂合わせだけで覚えても、こちらもすぐに忘れてしまいます。しかしイメージしながら復習し、覚える習慣をつけると、覚えたことが忘れにくくなります。

学校などで学ぶ内容は、主に左脳を働かせて記憶にとどめようとする内容が多いので、私たちの教室では特に右脳記憶によるトレーニングに力を入れています。

教室で行っている記憶力のトレーニングのひとつに、瞬間記憶があります。パッと見たものをそのまま記憶するトレーニングです。紙に描いてある絵を一瞬見せて、同じように描かせてみたり、いろいろな単語が書かれた紙をやはり一瞬見せて、書かせたり言わせたりします。

そのときのコツは目でジロジロ隅から隅まで見るのではなく、中心を見て全体を捉えるようにすることです。

また記憶カードを使って1枚1枚に絵が描いてあるカードをその順番に覚えていくリンク法記憶や、フラッシュ記憶、1分間記憶、聴覚記憶、短文記憶、発想力ゲームなど、さまざまな角度から記憶力を磨くトレーニングを行っています。

普通の教育しか受けていない大人たちは、モノを覚えるのは辛いこと、大変なことと思いがちです。しかし教室の子どもたちは、リラックスして楽しくチャレンジしているので、苦痛に感じることもなくトレーニングを積み、記憶力も高まっていきます。

脳の記憶力の回路をしっかりとつなぐことができれば、どんどん記憶の能力は高まっていきます。小学生になってから教室に入ったお子さんのなかには、最初はこのトレーニングが嫌だ、というお子さんもいます。確かにこの記憶の回路は成長するほどに繋がりにくくなるのですが、小学生になって以降でもトレーニングを続けると、その能力は必ず伸びていきます。

記憶力は、勉強はもちろんのこと、スポーツや芸術の分野など、さまざまな場面で生かすことができます。そしてトレーニングによって十分に伸ばすことができる能力です。

パズルで「空間認識能力」を高める

空間認識能力とは、物体の位置や方向、大きさ、形状などが三次元空間での状態や関係を、すばやく正確に把握、認識する能力のことです。

昔の子どもたちは、小さい頃から野山を駆け回って自然のなかで遊び回ることでこの空間認識能力が育まれてきました。しかし現代の子どもたちは外で遊ぶ機会も減り、テレビゲームなど二次元の遊びに夢中になる子も多いからでしょうか。この能力が低下してきているといわれます。たとえば野球で高く飛んできたボールをうまくキャッチできずに顔に当ててしまうような子も、最近は多いと聞きます。これも空間認識能力がしっかりと機能していないのが原因であったりするのでしょうか。

空間認識能力を高めるトレーニングとして、教室ではさまざまなパズルを導入しています。正方形の箱に三角形や長方形のピースをぴったりはめたり、積み木を立体に組み立てたり、子どもたちは楽しそうにチャレンジしています。

すぐにできる子、なかなかできない子、生徒によってさまざまですが、やはり繰り返すことで少しずつ完成までの時間は短くなっていきます。

特にこうしたパズルの得意な子は、新しいパズルに挑戦しても、すぐにパッとできてしまう。これはひらめきの力でもあります。

空間認識能力は、視覚や聴覚など複数の感覚器の協力で成立していて、右脳によってコントロールされています。こうしたトレーニングを積むことによって、右脳が活性化され、空間認識能力はもとより、ひらめく力、感じる力が伸びていくといわれています。

空間認識能力の優れている人は、物事の全体像を把握するのがうまく、またその本質を見極める能力に長けているといわれます。さらに情報を処理する能力も高まることから、問題を解決する能力にもつながります。優れた経営者や、天才と言われるスポーツ選手や芸術家にも、空間認識能力が高い人が多いそうです。

さらに難しいパズルをこなすことによって集中力、応用力、思考力を育てることができます。

「暗唱」は脳を活性化する効果が絶大

教室で幼児期からスタートする暗唱は、小学生になるとさらにレベルをあげ、現代文、古文、漢文などに取り組みます。

暗唱のねらいは、脳の記憶の回路、記憶の質を変えることにあります。暗唱の訓練を重ね、「覚える」「思い返す」を繰り返すことで、脳の回路が開かれていき、記憶しやすい頭になります。暗唱は難しいものを無理やり詰め込んでいるのではありません。覚えることよりも、覚える過程に意味があり、目的は脳の回路をつくることです。根気強く練習を積んで、一つでもしっかりと完全に覚えることができれば、徐々に記憶する回路が安定していき、働きの良い頭になります。

暗唱は、『親が読み聞かせる→文章を見ながら声に出して読んでみる→テキストを見ないで言えるようになる』という手順で進めていきます。

家で取り組むタイミングは、遊んでいる時など子どもがリラックスしている状態のときに読んで聞かせてあげると、楽に耳に入っていきます。1日1回でもいいですが、毎日聴くこと、言うことが大切です。

あまり無理強いしてプレッシャーをかけると嫌になってしまうので、要注意です。叱りながらするのも効果はありません。教室用には暗唱のＣＤが用意されているので、聞き流すことを習慣にすると、それだけで覚えてしまいます。

暗唱の効果としては、聴覚記憶がよくなる、覚えるのが速くなるなど、記憶の質が高まるだけでなく、人前で暗唱をして褒められることで自信がつく、しっかりと意見が言えるようになるといった性格的にもプラスな作用があります。その他にも、暗唱の素材としてさまざまな本に触れるため本好きな子が増え、いろいろな言葉に触れることできれいな言葉を覚え、話の格調を高めることにもつながります。

また、毎日暗唱の練習を続けることで集中力と落ち着きも備わるなどと、いいことずくめです。

暗唱は、まず記憶力を高めるためのトレーニングですが、それだけでなく将来的にも効果のあるような内容のものを選んでいます。小さいころにインプットしたものは消えません。ただその使い方や出力は、継続してトレーニングをすることによって習得や習慣化がされることが重要です。

プリント学習でアウトプット能力を高める

小学生コースでは、さまざまな教材があふれる中で、プリント学習もスタートします。教室では、プリントを使って、迷路や右脳ゲーム、単純な計算などを、決められた時間内で解くことにチャレンジします。教室ではみんなで同じ問題を解きますので、他の友だちに負けないように頑張ろうという競争心がわいて、みんな一生懸命に取り組みます。

こうした環境と刺激の中でプリントに取り組むことの効果としては、集中力や持久力が身についていくことがあります。また頭で記憶したことを「書く」というアウトプットすることによって記憶を定着させることができます。

さらに学校でのテストはほとんどプリントによって行われますから、プリント学習に定期的に取り組むことで、自分の頭で考えたことを素早くしっかりと文字や数字として書きだす、インプットしたものをアウトプットする脳の回線をスムーズにつなげる訓練にもなります。

自宅での学習用のプリントもあり、こちらは毎日行ってもらっています。少量のプリントをコツコツやり、家でも机に向かうことを習慣づけることが、今後の学習習慣につながっていきます。

「書く」取り組みは物事を論理的に考え、まとめ、表現する力を育てます。たとえば国語の語彙力、作文力は自分の考えをより相手に伝わる表現で、具体的に変換する力です。計算力は瞬時に論理立てて思考する力といえるでしょう。この力は学力として必要なだけでなく、将来社会に出たときに資料を作ったり、報告書をまとめるなど、どんな分野に進んでも求められる力です。

プリント学習は正しい段階を追って与えることで、発達をスムーズに促していく取り組みです。易しい問題を繰り返しながら徐々にステップアップし、決まった時刻に制限時間内での、毎日の継続が効果的ですが、やらせすぎない事が大切です。

「子どもの瞑想」で自己コントロール力を高める

脳にアルファ波、特にミッドアルファ波が出ている状態のとき、素晴らしい能力を発揮できることは、chapter 2の「脳波がわかれば子どもは伸びる」の項で述べました。一流アスリートたちは、このミッドアルファ波の状態を保つことで、優れた成果を導き出しているのです。

このミッドアルファ波を出す方法として、教室ではドイツの精神科医シュルツによって創始された自律訓練法をもとにしたイメージトレーニング法を導入しています。教室では「子どもの瞑想」の時間を設け、全員が床に横になり、目を閉じます。身体の力を抜いて、静かに心を落ち着かせ、まず息を吐き出します。その後、腹式呼吸でゆっくりゆっくり「4秒吸ったら8秒吐いて」を繰り返します。

次第に脳がリラックスした状態になり、心地よい状態が訪れます。

心がリラックスすると全身の血液循環がよくなるので、手先や足先がポカポカと温かくなっていきます。さらにリラックスが深まると、内臓の活動もよくなり、おなかのあたりが温かく感じられるようになります。手足、そしておなかのあたりが温かく感じられたらしめたもの。脳と身体はリラックス状態に入っています。

最初は、身体を横にして目をつぶっても、周りの友だちが気になったり、周囲の音に意識がいってしまったりと、なかなかミッドアルファ波の状態にはなれないのですが、何回か繰り返しているうちに、次第にスーッと意識をその状態にしていくことができるようになります。

瞑想の訓練によって、脳と身体がリラックスした状態をつくり出せると、自己コントロールできるようになっていきます。精神的な切り替えが上手になり、怒りや悲しみといったマイナスの気持ちも自分の中で消化して、気持ちが落ち込んでも自分の力で浮かび上がらすことができるようになります。自らの意志で自らの感情をコントロールできる、すなわち心の折れない、強い心を持った子になります。

自分自身への肯定感も強くなり、何事も前向きにチャレンジする意欲が高まり、勉強やスポーツ、趣味の世界にも積極的に取り組み、才能を開花することができます。人前で話すことも好きになり、社交性が身につきます。

この自己コントロールの力を完全に習得、身につけられるのは、11歳から12歳くらいといわれています。時間はかかりますが、これを習得すればまさしく一生の財産となるでしょう。

ストレスに強い心を育てる

一流の経営者のなかには、慌ただしい日々でも自分を見失わないように、貴重な時間を割いてでも禅を組む習慣を持つ人も多いそうです。

豊臣秀吉もお茶をたしなみ、一服のお茶から清涼なひとときを過ごした後、戦略を練ったとも言われています。禅もお茶も、自分を取り戻す貴重な作法ではないでしょうか。

現代社会は、大人でも仕事のノルマが厳しかったり、人間関係がぎくしゃくしたりと摩擦の多い毎日を過ごしています。では子どもたちがストレスを感じずに人生を謳歌しているかといわれればまた違って、子どもたちなりにもいろいろと悩みを抱えているのが現状です。

私たちの教室の小学生コースは、別名『リトルジニアス（小さな天才たち）』ともいっています。なぜかといえば世の天才たちは、集中力、創造力を含めさまざまな素晴らしい能力に長けていました。そして天才たちは「窮鼠猫を嚙む」のように、土壇場に発揮できる強い力を持っているのです。

もう30年にもわたって、我が小さな天才たちを観察していますと、あるいはその後の報告を受けますと、どうも土壇場においてチャンスをつかむらしい。そしてちゃっかりとストレスを楽しんでいるようなのです。

例えば大事な試験などの時、テスト用紙を前にすると緊張して足は冷たくなり、手も冷たくなり、頭の中が真っ白。ケアレスミスもあり、わかるはずの答えがわからない。しかしテストが終わると答えがでてくる……といったパターンはけっこう多いのです。

ところが教室の子どもたちは、本番になると手は温かい、おなかは温かい、足も温かい。頭はクリアという現象が生じるようです。そこで脳からどんどん答えが飛び出すようです。

「自信」とは自分を信じると書くように、自分は大丈夫と思えるような子どもが育ちます。また、緊張に強いために大勢の観衆の前でも平常心で自分の能力を出すことができます。さまざまな大会で優勝候補をさしおいて1位になったり、好成績を残すこともザラにあり、しかも本人にとっては当たり前のことなのです。

昔から頭寒足熱ということわざがあるとおり、どうもそのような状態になるようです。

これは先に紹介した教室での「子どもの瞑想」タイムが大いに効果を発揮しているように思われます。瞑想によって自己コントロールができるようになることで、一般的にはストレスとなるような状況においても、自然と自分を良い状態、安定した心持ちにする能力を身につけられるようになったといえます。

ちなみに最近では、出産時のリラックス法としてソフロロジーと呼ばれて話題になったり、ホスピスで患者さんに導入されている事例もあり、自身の心を落ち着かせ、安定させるための訓練法として認知されるようにもなってきています。

両手を使える器用な子に育てたい

日本人は昔から人の真似をすることが得意な国民性があり、器用さにかけては世界に名をとどろかすものがあります。手に職をつけることは一生食うには困らずと、早くから親の元を出て技を磨き、一流の職人として身を立てる話は、昔からよく聞くことでありました。

脳には右脳と左脳があり、その橋渡しをしているのが脳梁です。そして左脳は右手や右半身に指令が、右脳は左手や左半身に指令が届くこともわかっています。

小さいころは脳が柔軟なため、右手、左手と、どちらかを使うかの判断はありません。ところが成長するとともに、右手を優位に使うことが常識という「枠」に無意識にはめ込み、右利きを育てていきます。

私は、もし両手が器用に使えたら、さまざまな職業でも選択肢が広がり、いろいろな場面での許容範囲も広がるのではと考えました。

ゴッドハンドと高く評価される医師が、両手を器用に使いこなして難易度の高い手術を難なくこなしているようなテレビ番組を見ると、何か脳の働きが違うのかもしれないとも感じていました。また人間が両手使いの能力を持って生まれているなら、その能力を眠らせておくのはとても損なことだと考えました。器用に両手を使いこなすことで、思考にも変化は起こるのかもしれないのです。脳の全容が解明されていないので、可能性はどこに眠っているかなどまだわかりません。

小さい子どもたちを観察すると、幼いころには右手、左手の区別はないのに、右手を使うという大人の常識でそれを矯正されることによって、心の傷となる場合もあるようです。

レッスンではプリントでもパズルでも右手にこだわらず、両手を使うことや、能力アップのために左手のみを使ったトレーニングも組み入れています。右脳と左脳の両方を刺激するトレーニングを続けた子が、「僕、手先が器用になったよ」と得意気に話したりすることからも、自信が見え隠れするようで講師とすると嬉しい限りです。

両手を自由自在に使いこなせることで、左右の脳、左右の目、左右の手を自由に動かせることは、左右の脳を自由に使いこなせることにつながります。そうなることで「ゴッドハンド」といわれる人にきっと近づいていくのだと思います。

【家庭でできる能力活性化】7歳〜

右脳を刺激して、学力、人間力のベースを築く時期

●環境・習慣

・漢字、四字熟語、元素記号などを家の中のいろんな場所の壁に貼り、いつも目にする環境をつくる

・毎日の「5分間学習」。自学自習で計算、漢字練習を行い、毎日の学習を習慣づける（親は答え合わせをしない）
・「子ども新聞」を読んで、今現在の時事情報を知り、家族で話題にする
・伝記・歴史ものの本を読む
●家族で
・トランプゲームを家族で楽しむ
・オセロ、囲碁・将棋などを家族でする

〈保護者からのメッセージ〉
何事にも全力投球する息子に育ちました

松本市　A君（12歳）のお母さま

教室には3歳の頃からずっと通わせていただいています。

先日、息子は児童会長に立候補して、当選しました。息子が立ち会い演説をするときに用意した原稿を読ませてもらったのですが、学校をよくしていきたいと強い志を持った文章に心打たれました。

おかげさまで学校生活や勉強面など、いっさい困ったことなく、子育てをしてまいりました。小さい頃から活発で積極的で思いやりがあります。

1年生の頃から少年野球チームに所属しておりますが、土日は朝の8時30分から夕方の5時までびっちりと練習をする強豪チームで、大会前になるとさらに朝早くから練習がスタートします。

体力勝負であり、家庭学習を満足にさせている時間がありません。しかし宿題だけはあっという間に終え、間違いもほとんどありませんので、週末はとても助かっています。そしてテストの順位もいつも上位です。

これは自慢ではなく、百瀬先生の教室にずっと通い続け、お世話になったおかげです。私は勉強ができなくて、消極的な性格でしたので、DNAは関係ありません。

中学生になっても教室を続けたいと、息子本人も言っています。そのときはまたどうぞよろしくお願い致します。

努力を惜しまない姿に成長を感じています

諏訪市　Y君（16歳）　Mさん（12歳）のお母さま

教室に通い始めたきっかけは、長男が幼稚園の年中さんで、長女の出産を3カ月後に控えた夏の終わりでした。私に持病がありましたので、妊娠の経過があまりよくなく、長男を出産したときも私の状態があまりよくなかったために、長男はとても苦しい思いをして保育器に入りました。長女にはそんな経験をさせたくないと思いまして、胎教をしたいと思ったのがこの時です。胎教のご指導をいただいたのと同時に、長男も幼児クラスに通い始めました。

今、高校生になりました長男に思うことは、決して順調なことばかりではありませんでした。中学時代は人間関係に悩まされながら、部活動も非常に厳しく、テスト勉強もできないような状況で、成績も伸び悩んでおりました。しかし3年生になり、志望校を決めてからは本人もほんとうによく頑張り、ほぼ半年の勉強で志望校の行った模試で180人中10番に入り、結果的にも希望の進学校へ進むことができました。

入学してからはお友だちにも恵まれ、勉強も頑張っています。教室でやっていたことがプラスになっていると思うのは、やはり半年間の受験勉強で合格できる実力が発揮できたことと、目標に向かうときの集中力だと私は思っています。

小学生の長女はというと、第一印象はほんわかとした雰囲気でありながら、週6日の練習をこなすスポーツ少女です。6年生になってからは児童会の副会長を務めています。選挙演説もしっかり頑張れましたので、皆さんの支持をいただき当選しました。漢字が得意で、努力を惜しみません。教室の一番の効果だと私が感じることは、非常に穏やかで精神的に安定していることです。いろいろなことに落ち着いて取り組め、そのことが書道や作文、絵の入選という結果をもたらしてくれるのだと思います。精神的な安定は、胎教をやった効果ではないでしょうか。長女は学校やスポーツの練習に忙しくても、毎日イメージトレーニングを忘れずに行っています。

教室でつけていただいた集中力や精神的な安定は、この子たちの一生の宝と感謝しています。

♥こんな子どもに育ちます!

乳幼児から五感に刺激を与えるさまざまなアプローチを行い、脳に刺激を与えて活性化させることで、子どもたちの眠っていた才能がさまざまに花開きます。同時にミッドアルファの脳波の状態を取り入れた、暗示や瞑想、自己コントロールを自らのものとすることで、人間性や心の強さにもつながっています。

ベースにあるのは頭の質の良さであり、また心が挫けない、芯の強さ。それを併せ持つことで、一人ひとりが持つ才能を伸ばし、将来への生きる力につながっていきます。

目に見える成果としては、次のようなものがあります。

学校の成績がよくなる

教室のトレーニングによって高められる記憶力や集中力、人の話をしっかりと聞ける力など、さまざまな能力は総合的な学力に直結し、学校生活の中で自然とその力を発揮するようになってきます。

特に記憶力は、新しい知識を習得する上でとても大切な力であり、試験などの成績でその成果としてあらわれます。記憶力のある子は、他の子どもと比較しても短時間の勉強で一定の知識が身につくため、得意不得意がなく、どの教科でも好成績につながるようです。さらに速聴によって人の話をしっかりと聞く力が備わるので学校の授業で理解力が高まり、記憶力と相まって効率よく学び、吸収することができます。

多くの生徒さんが学校の授業と自宅学習だけで、他の学習塾や進学塾などに通わずともしっかりと好成績を挙げ、受験などでも成果を残しているのは、これらの能力がしっかりと身についた、地頭の良さがあるためです。

また、苦労することなく学校で良い成績がとれるので、ほとんどの子どもは自分は頭がいいと思うことができます。自己評価が高くなり、さらに勉強にも積極的に取り組むようになり、この好循環が優秀な成績を残すことにつながります。教室の卒業生には一流大学に進学し、一流企業に就職した子どもが多いのも、小学生時代から良い成績をとることが当然のこととしてあり、前向きに学ぶ習慣が身につき、中学、高校生になっても向上心を持って勉強を継続できたことによるものと考えられます。

もちろん学業においてのみ発揮するものではなく、社会に出てからさまざまな場面で応用でき、将来にこそ可能性を広げてくれる能力だともいえます。

集中力がある

自己コントロールによって、自分でリラックスできる方法を身につけることができると、どんな状況においても、緊張し過ぎない、安定した心を保つことができます。そのため、いざというときに集中力を持って挑むことができます。

そうなれば入学試験や大きなスポーツ大会などで自分の力を百パーセント近く発揮できるので、好成績を残せ、自信にもなります。外部からの評価も高くなりますから、将来を切り拓く力にもなります。

さらにこうした経験を積み重ねることで、自身への肯定感が高くなり、いつも前向きに努力する力が備わり、また楽しく物事に取り組む積極性も身につきます。

人とのコミュニケーションが上手になる

「速聴」の訓練によって聴く力がしっかり定着し、その能力が高まると、きちんと相手の言うことを聞き、理解し、記憶するする能力が優れていきます。聴く力というのは、相手を理解するための重要な能力のひとつですから、どんな人とでもコミュニケーションをすることが上手になります。訓練を重ねると一度聞けばほとんど理解し忘れない脳に育ってくるため、学校で先生が板書している間に覚えてしまうこともあり、大学入試の時とても役に立ったと報告してくれる生徒もおります。

また大人の言うこともよく理解できるので、先生や大人からも信頼され、学校などでの評価も高くなります。多くの人から信頼されることで、人間関係が広がり、運を引き寄せて、チャンスに恵まれことも多くあります。

リーダーシップを取る子になる

学力が高く、人とのコミュニケーションをする能力が高いと、多くの友人にも恵まれるようになります。自分に自信がもてるので、人と積極的に関わり、いい人間関係をつくることが上手になるからです。周りの人たちから信頼を得ることによって、クラスの長や生徒会の役員など、責任ある立場にも就くことが多くなります。

こうした環境から自然とまわりに目配りもでき、また人のために何かをやりたいという積極性やチャレンジ精神も芽生え、仲間からも信頼されるリーダーとして活躍するようになっていきます。

素直な心を持った子どもに育つ

性格の良しあしは、自分を取り巻く環境をどう構築するか、というポジションからみてもとても重要です。小さな頃から愛され、褒められてきた子は、他の人からの言葉に素直に耳を傾けることができます。また心のベースに自分自身への肯定感が育まれることによって、他人をいじめたり妬んだりしない素直な心を持った子どもに育ちます。

またたくさんの本に触れる経験から、心が豊かになり、情緒にあふれ、想像力にも富んだ、未来への可能性にあふれた、子どもらしい子どもに育ちます。

今の子どもたちは、例えばりんごを食べる前からそれは嫌いと自己主張するような子も多いのですが、何でも味わってみなければわからない、やってみなければわからないことは山ほどあります。

まず自分に取り入れ、体験し、その結果を判断するという、沈着冷静な子どもが多く報告されますと、やはり子どもの将来性・器＝能力（言語能力）×性格の在り方×親の肯定的思考』は、的を射ているのではないかと思われます。

いじめとは無関係の正義感の強い、情に厚い子に育つ

多くの友人や理解ある大人に恵まれると豊かな人間関係を構築できます。またさま

ざまな読書体験を積むことで、人を思いやる心や物事の善悪を判断できる心が育まれます。また自分への肯定感があることによって、人に対しても優しい心を持つことができます。

私の教室の生徒さんである小学校5年生の娘さんを持つお母さまから、一通のお手紙をいただきました。

「先日、いじめの問題から学級崩壊が起こりました。ところがわが娘が仲裁に入り、話し合いの場を設け、こちらのグループはここ、そっちのグループはそこと指示し、話し合ったそうです。校長先生も立ち会われ、その堂々とまとめあげる姿に『うちの学校もまんざらではない。素晴らしい女の子がいるな〜』と感心されていたと担任の先生から報告をうけました。女の子はとかく仲間意識が強く、そんなことからいじめもあるようですが、娘はいつでも中立。親はドキドキしてしまう場面がありますが、『私は一人で大丈夫。本が読めるからね』と、ちゃっかりあっけらかんな子に育ちました。

とにかくひょうひょうとしている。人に左右されず我関せずという肝の据わった姿に、夫とともに『育ての親は百瀬育美先生。私はおなかを貸しただけ……』なんて冗談がでます」

このようなありがたいご報告を受けました。

文武両道、芸術・スポーツにも能力を発揮する

脳がグングンと発達していく過程において、五感を刺激するトレーニングを重ねることで、感受性が豊かな子どもに育ちます。特に乳幼児期から自然や音楽などに触れる経験を多くすると、音感や色彩感覚など芸術性に優れた能力を発揮することが多くなります。また想像性が豊かになり、自由な発想で物事を考えられるので、絵や音楽などの世界で活躍できる子も多くいます。

また空間認識能力を鍛えることで、視野が広がり、野球やサッカーなどのスポーツの分野でも才能を発揮する子が多くいます。

これまでも、それぞれの能力を発揮して、市などの大会や展覧会で活躍し、表彰を受けた子もたくさんいます。

本番に強くなる

「瞑想」によって自己をコントロールする能力が高まると、気持ちを集中したいときに集中できる能力が自然と備わっていきます。またプラス思考が潜在的に定着していることによって、不安な気持ちが抑えられるので、ここぞという大事なときに、自分の能力を発揮することができます。

困難なことにも挑戦する

自分に自信を持ち、自己肯定感が養われるので、失敗することを恐れない、チャレンジ精神が宿ります。しっかりと考える力があり、たとえ失敗してもなぜ失敗したかをきちんと考え、解決に向けて何をするべきかといった思考力をもって挑むことができます。

ストレスに負けない心の強さ、自分を信じられる力が、困難にも立ち向かう精神を育み、失敗してもまたチャレンジしていく前向きな心となって、さまざまな壁を乗り越えていくことができます。

活字に触れるのが大好きになる

絵本の読み聞かせからはじまり、暗唱の課題などで新たな本との出合い。小さい頃からたくさんの本とふれあう経験をすることで、本好きの子どもが育ちます。また、速聴をとおして本を読むスピードが速まるので、本を読むことが苦にならず、どんどんとたくさんの本を読める楽しさが体感でき、本好きの心が養われます。加えて本からたくさんの情報を取り入れられるので、知性を育むことができます。

また、本が大好きな子どもに育つと、知りたいことを自分で解決しようという意欲が育まれます。物事への探究心が芽生え、またそれを満たすためにさらに本好きになるという好循環にもなり、豊かな知識を持ち、新しいことにも積極的に取り組もうとする意欲的な子どもに育ちます。

身体が健康になる

心と身体は密接に結びついています。心に何か悩みを抱えていたり、辛い思いをしていると、体調もどこかおかしくなっていくものです。それは大人も子どもも同じです。

健康な身体を維持するためには、規則正しい生活と食事、そして心の安定がとても大切です。教室に通う子どもたちのお母さま方から、「寝る子は育つ」の言葉のようにしっかりと眠るようになった、元気になった、体力がついた、風邪を引かなくなったという声を多くいただきます。

何がどう作用しているのかはわかりませんが、暗示や瞑想による自己肯定感、自己コントロールを行うことで心が安定していくことが、その理由ではないかと考えられます。

〈保護者からのメッセージ〉
自ら引き寄せる運の強さを感じます

長野市　K君（12歳）Y君（10歳）N君（8歳）のお母さま

我が家は2学年ずつ離れた三兄弟で、長男は小学6年生です。この子が1歳6カ月のときに百瀬先生との運命的な出会いがあり、約11年間通わせていただいています。

先輩のお母さん方から、我が子は「運がよい」「引き立てられる」というフレーズをよく耳にしていましたが、半信半疑でした。でも気が付いたら、うちの子どもたちもその言葉どおりになっていたのです。

長男は今年度、学校の国際交流委員会の委員長になり、頑張ってきました。委員会ではこの10年ほど、アフリカのルワンダという国で内戦により地雷で足を失った人々のために無償で義足を送る活動をされている邦人女性の方と交流を深めていましたが、今回初めて日本から現地を訪問することになりました。長男はその派遣団の一員に選ばれ、9日間ルワンダに行ってきました。

各種団体様から援助をいただき、とても少ない自己負担額で、貴重な体験をたくさんさせていただきました。

後で聞いた話では、委員長として派遣団の一員に選ばれるときも担任の先生から推薦があったとのことで、お引き立ていただいたのだなと思いました。たまたまそのような特別な年度にあたったのも、運がよいということでしょうか。

下の子どもたちも、たまたま参加したサッカーチームのコーチが素晴らしい指導者で、その学年からチーム活動が始まったり、たまたま住んでいた地区が特色ある活動をしていて子どもたちが参加できたりと、たくさんの運のよさを感じています。

親が環境を選ぶことはできますが、そこでどんな人と出会い、どんな影響を受けるかは本人次第だと思います。

これからもまわりの方々に可愛がられて、引き立てていただけるような素直な子に成長してくれるように見守りたいです。

褒められてまっすぐに伸びた我が子

長野市　Hさん（14歳）のお母さま

一人娘が1歳の時から12年間、教室でお世話になりました。

中学2年生の娘は、何にでも一生懸命に取り組み、物分かりもよく、積極的で忍耐力もあり、正義感を持った判断力のある子だと感じています。教室での経験を通して、物事をスポンジのように吸収する能力と、正しく判断する感性の基本が身についたのではないかと感じ、幼少時から通わせたことはよかったと思っています。

年少からはじめた空手は初段、2年生からはじめたピアノではクラス、学年、全校での合唱の伴奏を任され、クラス、委員会や部活ではそれぞれ長を務めるなど、常に努力することができ、その力を発揮して周囲から認められ、さらに力をつけていくというプラスの循環ができていると思います。

習い事など、はじめたことをやり続けられることもすばらしく、お友だちがいるからやる、いないからやめるではなく、常に自分がどうなのかを考えて積極的に取り組める姿勢があり、市ですすめている国際交流事業に参加するのも、自分から手を挙げ、小学校ではインド、そして先日はイギリスへ行ってきました。

視野を広く持ち、自分を制限することなく、子どもの特権「可能性」を十分に活かしていると思います。

娘は「私は褒められて伸びるタイプだから」とよく言います。子どもは褒めて伸ばせとよく言われますが、欠点が気になり、実際はけっこう難しいと思います。でも教室では小さい頃からたくさん褒めていただきました。認めて褒められたら誰だって嬉しいし、もっと褒められたいと意欲も湧いてきます。注意するときも、いいことを先に言って「○○を直せばもっといいよ」というような言い方を心がけました。そしてたくさん抱きしめることも教えていただきました。嬉しいとき、褒めるときはもちろん、怒った後も、気まずくなったときでも、できるだけたくさんムギュ～と。

とはいえ思春期、反抗期の難しい時期でもありますので、ときには雷を落とすこともあります。共感と受容を心がけ、今後も歩み成長していきたいと思います。

chapter

4

子どもの未来は親次第 親も一緒に成長しましょう！

親のプラス思考が子どもの可能性を伸ばす

親の考え方一つで、子どもの器は大きくなったり、小さくなったりするものです。

私自身、３人の子どもに恵まれましたが、振り返れば、こんな経験があります。

まだ子どもが小さかった頃、子育てと仕事の両立に日々忙しく過ごしているうちに、「なんで私ばかりがこんなに苦労するの」と負のオーラにからめとられ、心身ともに最悪の状態になってしまいました。毎日、不機嫌を顔に出し、夫にも子どもたちにも八つ当たり。こうした状況は、家庭の空気をも重くします。子どもの成長にとっても決してよいはずはなく、子どもたちが代わる代わる病気になったり、成績が落ちたり、ついには不登校寸前になる子までいて、困難ばかりの日々でした。

私はあるとき、気づきました。なぜ我が家はこんなに不幸なのか。それは私のこのマイナスオーラが、夫や子どもたちに伝染してしまっているのだと……。

その気づきのきっかけをつくってくれたのは、近所にいる同世代の女性でした。彼女も私と同様に、小学生の子どもを育てながら働いていました。しかしその雰囲気はまるで正反対。彼女は流行のファッションに身を包み、洗練された都会的なスタイルはとても華やか。性格も明るく、まわりには友人が集まり、いつもプラスのオーラが漂っていました。しかも子どもたちは皆学業優秀、生徒会の役員をするなどリーダーシップもあり、運動神経も抜群でした。彼女に比べて私はと、妬ましいやら羨ましいやら、複雑な心境で彼女を眺めていました。

あるとき、彼女と直接話す機会があり、思わず私は言いました。

「お子さんたちがみんな優秀で、とても羨ましいです」

すると彼女はこう答えました。

「ええ、おかげさまで。どの子も私のイメージどおりに育ってくれたんですよ」

彼女は子どもたちに、こんなわが子に育ってほしいとよいイメージをもって、それを自分の潜在意識にして子育てをしていると言うのです。それを聞いて私はハッとし、自分のことを省みました。私は自分のことを、可哀想だ、不幸だと感じ、マイナスのオーラに包まれ、子育ては大変、思い通りに行かないとイライラして、その気持ちを子どもたちにぶつけていたのです。

それでは子どもたちが素直に伸び伸びと育つはずがない。すべての原因は自分自身にあったことに気づかされました。そしてまずは自分が前向きに、ポジティブになろうと心に決め、それを実践していくうちに子どもたちもその良い影響が出て、今までの悩みがウソのように消え、その後は子どもたちも順調に育っていきました。

さて、今のお母さんたちはどうでしょう。以前の私のようになっていませんか？それとも明るく前向きに、子育てを楽しんでいますか？

私が最近のお母さんたちを見て感じるのは、しっかりと我が子を育てようという思いが強いあまり、頑張りすぎて、疲れて結果的に子育てに自信がもてないと感じてしまっている人が多いのではないか、ということ。

昔は、おじいちゃんやおばあちゃんなどと一緒の大家族で子どもを育てることも多くありました。しかし最近は核家族だったり、実家や義父母と離れた場所に住んでいたりといった環境も多く、お母さん一人で慣れない子育てに奮闘していることも少なくありません。

子育てを経験した大人たちがまわりにいれば、ちょっとした不安があっても、「子どもにはよくあること」「もう少し大きくなれば大丈夫」などのアドバイスも受けられるのですが、身近に相談相手もいず、訳もわからず、悩み、子育てに自信を失ってしまうようです。

そうした日々の中で芽生えた親の不安や否定的な思考は、態度や言葉にあらわれます。それは毎日一緒に暮らしている子どもたちにとっては、マイナスのオーラを浴び続けることであり、けっしてよい効果があるとはいえません。

子育てをする上でまず大事なことは、親がポジティブに物事を考えること。お母さんを中心にして家族を明るく照らすことが、子育ての環境としてとても大事であると、私自身の経験から気づくことができました。

親のセルフイメージを上げる

子どもが育っていく過程で、特に幼少期においては、いちばん長い時間を一緒に過ごしているのは親ですから、当然のごとく子どもはその影響を最大限に受けるものです。

子どもは親の姿を見て成長します。子どもに何かを望むなら、まず自分自身がそのお手本のような姿になるように努力しなければなりません。いつも元気にはつらつと、自信を持った子どもを育てたいと思ったら、まず親自身が自分の生き方に自信を持って、イキイキと日々を過ごすことが必要です。

自分には自信が持てないのに、子どもばかりに期待していませんか？　子どもが一生懸命に伸びようとしても、親のセルフイメージが低いと、その可能性を阻害してしまうことにもなりかねないのです。

世の中、文句を言い出したり、不満を数えだしたりしたらきりがありません。そんなことを考えていても、何も解決しないのです。他人をとやかくいうよりも、まず自分を見つめなおしてみましょう。

私はたくさんの不満を抱え、マイナスオーラに包まれていた時、これでは駄目だと自分を変えることに決め、それを実践することにつとめました。人を変えることは難しいのですが、自分を変えることは、そう自分で決心さえすればそれほど難しいことでないことに気づいたのです。

子どものためにも自分を変えなくてはいけない。そう考えて試行錯誤しながらも、私は自分を変えることができました。ここではそのいくつかの方法をご伝授しましょう。

とにかく自分を好きになるために、まず自分で、自分のよい所を書き出すことにしました。「明るい性格である」「実行力がある」「料理は上手な方である」「家族のことを大切に思っている」「努力家である」。本当は欠点の方がずらずらと出てくるのですが、それでも頑張って無理にでも自分なりにいい点だと思うことを挙げてみました。

さらに自己改革のホルモンを湧き出させようと、次に行ったのが鏡療法です。毎朝、鏡に向かって自分の思いを語りかけることにしました。その内容は、まず自分の夢や目標を定め、それを鏡の中の自分に向かって言いました。

「子どもが勉強好きになってくれてうれしい」「仕事が順調で、ありがとう」など、曖昧な表現でなく、そうありたいということを断定して、プラスの言葉で言うのがポイントです。またにこやかに言えば、鏡の前の自分も笑顔でその言葉を受け止めてくれます。最後に「～になって私は幸せ」「自分の人生は順調である」というフレーズを言ってみると、本当にそうなったような気分になって、その日一日を気持ちよく過ごせるようになります。

私はこの鏡療法を続けることで、少しずつ前向きな気持ちになることができました。心が健康になると体調も良くなり、夫や子どもに対しても大らかな心で向き合うことができ、少しずつすべてが上手く回り出すようになりました。すると不思議と、いい出会いがあったり、チャンスに巡り合うことも多くなったのです。

子どもは親を見て育ちます。親がマイナスなオーラを振りまいているときは、子どもにもその影響は大きく、心や身体にも悪影響を及ぼします。とにかく親が自信を持って生きること。それが子育てにとっても、とても大切なことなのです。

子どもたちにいちばん接することの多いお母さんが、ストレスを抱えていたり、志をもって生きていなければ、大きく子どもに影響します。もちろんお父さんも同様です。子どもはお父さん、お母さんが大好きです。ご両親のセルフイメージが高ければ、子どもも大きく羽ばたきます。子どもに大志を抱いてもらうのも大事ですが、それにはまず親が大志を抱けるように生きてほしいと思います。

育児は育自

子育ては、楽しいことばかりではないかもしれません。しかし子どもが誕生し、育て上げるということは、親だからこそできる素晴らしい経験です。子どもが誕生したときは、親としてはまだまだ未熟だったかもしれませんが、子どもと共にさまざまな体験を通して、親もまた人として成長していくための貴重な時間を過ごしているといえましょう。

私は、「母親は我が子を包む太陽であれ」と思っています。日出ずる国である日本は、太陽信仰の国でもあります。母親を「カカ様」と呼んだように、その存在というのもまた太陽のようにポカポカと子どもを包み、温める存在としてあるべきだと考えます。最近のお母さんは、ともすれば月のように陰性になりがちですが、もっと自信をもって大きく輝きましょう。

親には、子どもがいることでできる貴重な経験がたくさんあります。たとえば幼稚園や学校で、役員決めはなかなか希望者がいなくて大変だと聞きます。でも積極的に関われば、またこれまでと違った仲間と出会い、世界が広がります。地元のボランティア活動に挑戦するのもよいでしょう。親として得た環境を生かして、さまざまな学べることのできる機会を逃す手はありません。

失敗したり、うまくいかないことがあれば、冷静に何が間違ったのか見直し、やり直せばいいのです。それも成長。がんばっているお母さん、一生懸命に取り組んでいるお母さん、その背中を見ながら、子どもたちもまた学ぶでしょう。

さてお父さんも、積極的に子育てに関わることが必要です。今はお父さんも仕事が忙しくて、子育てはお母さん任せ、という人も少なくないかもしれませんが、お母さんだけが一生懸命子育てをしていると、なにか困ったとき、悩んだとき、出口が見つけられなくて行き詰まってしまうことにもなります。特に核家族化が進む現代だからこそ、夫婦でしっかりと協力して子育てをすることがとても大事なのです。

育児は育自。子育てに真剣に向かい合うのは、長い人生のなかでもわずか十数年しかありません。お父さんもお母さんも、この貴重な時期を楽しんで、一緒に成長していけたらいいですね。

いつも一緒の方向を向く

子どもの一番大好きなもの、それはお母さんの笑顔です。幼稚園でイヤなことがあっても、学校で友だちから無視されても、社会の中で羽交い締めにあっても、お母さんの笑顔、お母さんの温かな存在があれば、また以前の自分に戻れるのです。

今はお母さんに余裕がないのでしょうか。笑顔、温かみが足りないのかなぁ〜と感じることがしばしばあります。でもお母さんが文句を言ったり、不平不満をこぼしている家には、子どもたちの心が安まる場所はありません。そうすると心のよりどころがなくなり、心が寂しくなり、外に刺激を求めるようになってくるのです。

いつも家族が味方であり、いつも一緒の方向を向き、縁の下の力持ちとして支えてあげれば、子どもは大きく道を踏み外すことはないのです。子どもの未来への道しるべは「お母さん」なのです。

もちろんお母さんの道は平坦なものばかりではありませんが、子どもや家族の前では、素晴らしい女優として「お母さん」を演じてほしいと思います。

楽しい家庭には楽しい未来が存在し、心の安定した家族には心の安定した未来が存在するのです。

お母さんはその家の太陽、守護神です。いつも一緒の方向を向き、お互いに助け合って未来を構築する家庭にこそ、素晴らしい未来が待っているのです。

✨親にも環境適応能力は必要

前にも述べましたが、時代は刻々と変化をしています。ロボットの進出、少子高齢化、年金問題など社会の課題は山積みです。

加えて大学入試も２０２０年から変わります。これまでのマークシート方式から記述方式が主流となり、面接や小論文にも重きを置かれるようになるようです。

時代の流れをよく見聞きし、上手に時代に乗っていくことが、やはりこれからの時代には特に必要なことのように感じられます。過去の良かったものを取り入れつつも、これからの時代に適応するものも取り入れ、柔軟な思考や姿勢が求められることになるのでしょう。

直観力や忌避力など、昔の人たちが持っていたものがまた見直される時の到来かもしれません。

こうした能力は子どもたちに求めるばかりではなく、大人もまた時代に適応できるように自分を見直し、再構築していくことが必要でしょう。時代の流れを知り、それに合う思考を持つことで、どんな困難な時代が到来しても乗っていかれる人になるのです。

母親は家庭の守護神です。どんな荒波がこようとも舵取りをしっかりし、道しるべになることで、家族みんなの未来は輝かしいものになるはずです。思考に柔軟性がつくことで問題解決の糸口も簡単に見つかることでしょう。

子どもにばかり夢を描かせるのではなく、親も未来にはばたく力を貯え、適応できる能力をつければ、子どもは親の背中を見て、安心して未来像を描くことができるようになります。

子どもの健康を支えるのは親の役割

私たちの身体も脳も、食べたものでできています。栄養価の高い食物をバランスよく食べれば、脳も身体もそして心も、しっかりとすくすく育ちます。

勉強やしつけには熱心なのに、食事は子どもの好物ばかり、というお母さんもいますが、子どもが欲しがる好物ばかりを与えていては、そのときは子どもにとってよいかもしれませんが、後々のためにはよくありません。
健康な食事の基本は、やはり昔からの和食をベースにしてほしいと思います。私のおすすめは食品研究家で医学博士の吉村裕之先生が提唱されているバランスの良い食事の覚え方『まごはやさしい』です。日本に昔からあるおなじみの食材で、良質の脂肪、ビタミン、ミネラルを豊富に含んだ食材ばかり。これらを組み合わせて、子どもの身体と脳をしっかりと育む食事を食べさせてあげましょう。

『まごはやさしい』

ま（豆類）……大豆、小豆、いんげん豆、えんどう豆など。
不飽和脂肪酸とレシチン、良質のタンパク質を含みます。味噌や納豆などの発酵食品は、微生物や酵母がビタミンとミネラルを増やし、さらに栄養効果が高くなります。

ご（ごま・種実類）……ごま、くるみ、アーモンド、栗など。
不飽和脂肪酸やビタミンE、レシチン、タンパク質が豊富です。ごまには身体の酸化を防ぐ、セサミンが含まれています。

は（わかめ・海藻）……わかめ、昆布、のり、ひじき、もずくなど。

ヨウ素の他、カルシウム、マグネシウム、鉄などのミネラルや食物繊維が含まれています。

や（野菜類）……かぼちゃ、ブロッコリー、ほうれん草など。

ビタミン、ミネラルが豊富で、身体をきれいにしたり、免疫力を高める働きをする、色の濃い緑黄色野菜がおすすめです。

さ（魚類）……アジ、イワシ、サンマ、サケ、サバなど。

特に青魚は、脳に作用し、学習能力を高めるＤＨＡや良質なタンパク質が豊富です。

し（しいたけ、きのこ類）……しいたけ、しめじ、えのき、舞茸など。

きのこに含まれる多糖類には、免疫力を高めたり、がん細胞の増殖を抑える働きもあります。食物繊維も豊富です。

い（いも類）……さつまいも、長芋、里芋、こんにゃくなど。

食物繊維が豊富で、腸の働きを良くしてくれます。

子育ての基本は温かく育てること

我が子の手をギュッと握ってみてください。温かい手をしていますか？　それともひんやりとした手をしていますか？

子どもは生まれたときの体温がいちばん高く、それから徐々に低くなっていきます。子どもの体温は大人と比べて高いのが一般的です。ところが子どもの体温は、以前は36度5分から37度くらいが平熱といわれていたのが、最近は36度以下の低体温の子が増えているのだそうです。幼稚園や保育園などで、朝、登園してきてもぼーっとして動かない子や集中力がない子、すぐにカッとなるキレやすい子には、低体温の子が多いということもわかってきました。

低体温は自律神経の乱れが原因と考えられ、身体の成長や心の問題にも大きく関わるといわれています。反対にふだんから体温が高い子は睡眠の質もよく、免疫力も高いので健康を維持しやすく、風邪なども引きにくいといわれています。

子どもに冷えは厳禁。私も生徒さんの親御さんには、「心も身体も温かく育てなさい」と常々言っています。

低体温の予防や対策としては、規則正しい食事をすること、バランスのよい食事をすること、身体をよく動かすことなど、どれも子育ての基本です。

特に今の子どもたちの身体を冷やす原因が食事にあります。子どもたちは夏でも冬でもジュースやアイスクリームをよく飲んだり食べたりしていますから、それだけでも十分に身体を冷やしてしまいます。

野菜なども今は旬がなくなり、いつでも手に入る時代ですから、冬でも体を冷やすトマトやきゅうりなどが当たり前のように食卓に並びます。このように現代は体を冷やしやすい環境にありますから、要注意です。

特に暑い夏は外気温が高くなるため、どうしても冷たくて口当たりのよいものが欲しくなります。しかし身体を冷やす食べ物は、内臓も冷やしてしまうため、体調を崩しやすくなります。夏でもしっかり火を通した料理をいただき、冷え予防に腹巻きをするなどして、身体を温める子育てを実践しましょう。

身体の冷えともう一つ、現代の子どもたちへの心配は睡眠です。今のご家庭は小さな子どもがいても、親の生活スタイルに合わせた暮らしぶりをしていることが多く、夜型の生活が日常的になっている子どももいます。夜遅くにコンビニで、小さなお子さん連れのご家族がいて、驚かされることもあります。

子どもの成長には、睡眠がとても大切です。特に心と身体の発達に大切な成長ホルモンは、眠りについてから2時間くらいまでの間に、一番多く大量に分泌されます。また成長ホルモンのもっとも分泌が盛んな時間帯は夜の10時から午前2時の間ともされています。ですから夜の8時には布団に入り、10時ころにはぐっすりと眠りについていることが、成長ホルモンをたくさん分泌させるためにはとても重要だということです。

できれば午後7時前後には夕食をすませて、ゆっくりとお風呂に入って体を温め、8時には布団に入る。こうした規則正しい生活も、ぜひ目指していただきたいと思います。

✨子どもをやる気にする言葉かけ

子どもの将来に大きな夢を持ってもらいたいならば、親の接し方がとても重要です。

そのポイントとなるのが言葉かけです。

親の気持ちがネガティブだと、どうしても子どもに対する言葉かけも、否定的になってしまいます。「あれをしちゃダメ」「どうしてこんなことをするの！」など、我が子にマイナスなイメージばかりを吹き込んでいては、子どもが萎縮してしまいます。それでいい子に育ってほしいと思うのは、親の身勝手が過ぎるでしょう。

子どもを伸ばしたいと思ったら、基本は「褒める」「認める」ということです。そして親は常にポジティブであることを自分に言い聞かせ、子どもに接するようにしてください。

子どもにとって、大好きな親に褒められるということは、とても嬉しいし、自信になります。もっと頑張ろうという気持ちにもなって、伸びしろがグングン広がっていきます。

褒める、認めるときに大事なことは、表面上だけでなく、しっかりと具体的に褒めること。努力しているところをきちんと見ているよ、と子どもに伝えることが大切です。また比較するのはけっして他人ではありません。過去の自分自身に対して、その成長を褒めてあげることがいちばんです。

また日々の生活の中で上手に子どものやる気を伸ばしていくコツは「依頼語」にあります。ついつい日常的に「早く着替えなさい」「お風呂に入りなさい」など命令口調で接していることが多くはありませんか？　こうした言葉かけ一つでも、それを「お着替えしてくれる？」「できるかな？」と依頼形にすることで、子どもの行動は変わっていきます。この言い方の違いが、子どものやる気に繋がっていくのです。そして依頼に応えてくれたら、「上手にできたね」「すごいね」と褒めて認める。親子の会話を依頼語にするだけで、褒めるきっかけもずっと増えます。

お母さんに褒めてもらったことで、子どもは幸せな気持ちでいることができ、何事に対してもポジティブに向き合うことができるでしょう。

親の心の持ちよう、我が子との関わり方が、子どもの成長にはとても大きなカギとなります。だからこそいつもステキな「はなまるお母さん」であることを目指してほしいと思います。

✨はなまるお母さんの「あいうえお」

はなまるお母さん

あ――「ありがとう」と感謝する。

い――（子どもと）一緒に喜ぶ。

う――「うれしい」と表現する。

え――（兄弟を）えこひいきしない。

お――美味しい料理をつくる。

×バッテンお母さん

か――感情的に怒る。

き――（いつも）厳しく接する。

く――愚痴が多い。

け――けちをつける。

こ——小言ばかり言う。

❀はなまるお母さん

さ——ささいなことは気にしない。
し——幸せを運ぶ。
す——素直な気持ちで接する。
せ——（なんにでも）積極的に取り組む。
そ——（子どもを）尊重、尊敬する。

×バッテンお母さん

た——（子どもと）対立する。
ち——父親をけなす。
つ——疲れている。
て——点数ばかりを気にする。
と——（子どもを）問い詰める。

❀はなまるお母さん

な——何事も肯定的に考える。
に——ニコニコしている。
ぬ——ぬくもりがある。
ね——熱意がある。
の——のんきに構える。

×バッテンお母さん

は——（子どもに）バカと言う。
ひ——ひどいことを言う。または非難する。
ふ——不幸な顔をする。
へ——屁理屈ばかり言う。
ほ——欲しがる（足りない欠点を突き、上ばかり見る）。

×バッテンお母さん

ま――（心が）貧しい。
み――見栄を張る。
む――難しい顔をしている。
め――面倒くさがる（育児に手を抜く）。
も――文句ばかり言う。

❀はなまるお母さん

ら――「ラッキー！」と言う。
り――理解してくれる。
る――ルンルンと笑顔。
れ――冷静に物事を判断する。
ろ――ロマンチックに夢を追う。

♡おわりに

子どもたちの未来は、私たち大人の手にかかっています。

国内における少子高齢化の波。そして世界を見渡せば、国際情勢は不安定さを増しています。また情報化社会が加速度的にすすんでいく現代において、私たちの暮らす日本はこれからどんな社会が訪れるのか、どんな技術や知識を持っていれば生き延びられるのかを、私たちが正しく予測するのは難しいかもしれません。

しかしどのような社会が訪れようとも、その時代に柔軟に対応し、生き延びていく、人としての基本的な能力と、芯となる揺るぎない心の強さを持った人間を育てていくことは可能です。そしてそのカギとなるのは、まさしく「脳」にあると私は考えています。

本書でも詳しく述べたように、脳の発達は0歳から6歳までがとても重要な期間であり、ホルモンを上手に出すことを身につける6歳～12歳までも重要な期間です。これは幼児教育や脳の研究をしている人たちにとっては、今や常識となっています。ところが日本ではまだこうした事実が広く知れ渡っておらず、また国も積極的に動こうとはしていません。そのためこの幼少期の、本来は幼い子どもたちにとってとても重要な脳の発展のチャンスの時期を、多くの親たちは逃してしまっているのです。

脳の発達と幼児教育を含めた12歳までの教育については、さまざまな意見もありますが、まず大人たちが正しい知識を得て、そのうえで判断をすべきであると私は考えています。

あなたはこの本を読んでどのように感じられたでしょうか？

あなたが子どもをもつ親であるのなら、そしてもしこれまでは子どもの能力の多くは遺伝によるものであると思われていたのなら、その考えをすぐに改め、これからあなたに何ができるのかを考えてほしいと思います。

その気付きとなるきっかけづくりにとこの本を書きました。

親にとっては誰でも、子育ては初めての体験です。我が子をどのように育てていいか、迷いながら、戸惑いながら、日々を過ごしていることでしょう。それでも子どもにとってできるだけよい道を選べるようにと尽力するのが親心です。

脳の働きを知れば、子育ての方法も明確になります。この年齢のときにはどんな環境を与えればいいのか、どんな接し方が大切なのかを知ることができます。

たとえあなたのお子さんが、すでに脳の発達のピークといわれている6歳を過ぎた小学生であっても、決してあきらめないでほしいと思っています。なぜならば、私たちの教室には、小学生から通いだした子どもたちもたくさんいて、ここで挙げたようなメソッドに取り組むことによって、これまで埋もれていたさまざまな能力を、グングンと伸びていることを実感しているからです。

私自身、小さいころは記憶する勉強が苦手で、漢字を覚えることがとても苦痛でした。毎日ノートに同じ漢字を何度も何度も書き込みながら、「なんでこんなことをしなければならないのかなぁ」などと思ったものです。

でもこの教室の子どもたちはすばらしい記憶する力を持っていたり、発想性・ひらめきにとみ、度胸があり土壇場につよい子が続出しています。小さいころからの取り組みが、こんなに違う脳を育てる、羨ましい限りです。そしてこの子たちは、これらのすばらしい数々の能力が学力にむすびつき、自信を持って生き生きと、元気に積極的に学校生活を楽しんでくれています。

それが私たちの何よりの喜びとなっています。

さて、もう一度問いかけます。

あなたはお子さんのために今、何ができるとお考えですか？　子どもの未来は親の選択にかかっているのです。

百瀬　由也

著者の活動、教室についてもっとお知りになりたい方は

『アカデミアキッズ（百瀬幼児教室）』
〜幼児コース・園児コース・
リトルジニアスコース（小1〜中3）〜
0歳〜中学生を対象にした教室を開講しています。

お問い合わせ電話番号　0266-75-0096
ホームページ　http://www.little-genius.biz

本社
〒394-0084　長野県岡谷市長地片間町1-8-12
教室
[長野県]
長野市
・長野南教室　長野市青木島4-4-5　3F
・長野北教室　長野市南長池長池田790-18
・イオンタウン長野三輪校　長野市三輪9-43-24　2F
松本市
・松本教室　松本市中山1012-8
・松本島立教室　松本市島立928-1
岡谷市
・岡谷教室　岡谷市郷田1-1-7
諏訪市
・諏訪教室　諏訪市豊田929-5
伊那市
・伊那教室　伊那市美篶5832-5
［山梨県］
甲斐市
・甲府教室　甲斐市西八幡1415-2
笛吹市
・石和教室　笛吹市石和町市部西河原789-121

※各種講演も承ります。
・官公庁、学校でも多数の講演実績あり。
・講演テーマ：子育て、母親学、食育など。

著者プロフィール

百瀬 由也（ももせ よしなり）

1946年長野県松本市生まれ。慶應義塾大学法学部卒業。

塾講師として数万人を預かった経験から、脳の働きを知り独自の学習法を確立する。「脳の働きを知れば（わかれば）子どもの成績は伸びる」など、講演会も行っている。

長野県・山梨県で子どもの能力開発「アカデミアキッズ百瀬幼児教室」（0歳～中学生対象）を10校開校している。

百瀬 育美（ももせ いくみ）

1949年長野県辰野町生まれ。大妻女子大学卒業。

自身の子育ての経験や、教育に携わった45年以上の体験から学び、独自の学習法を夫とともに確立する。また、母親勉強会も開催し、「親がポジティブになれば子どもは変わる」など講演会も行っている。

著書に『子育てに失敗するお母さん成功するお母さん』（文芸社 2002年）『おかあさんのポジティブ育児法』（主婦と生活社 2004年）

心が強く稼げる子になる方法

2016年4月15日　初版第1刷発行
2016年4月20日　初版第2刷発行

著　者　百瀬 由也　百瀬 育美
発行者　瓜谷 綱延
発行所　株式会社文芸社
〒160-0022　東京都新宿区新宿1－10－1
電話　03-5369-3060（編集）
03-5369-2299（販売）

印刷所　株式会社フクイン

ISBN978-4-286-17014-5